제3판

대학생들이 쉽게 할 수 있는

창업실무

조성진 김진영 은종성 강재열 황윤성 신용선 공저

Practical Business Start-up

양성원

제3판 서문

이 책의 초판이 발간된 지 벌써 7년째로 접어든다. 다른 책도 마찬가지겠지만, 창업과 관련된 책들은 태생적으로 환경의 변화에 발맞추어 집필되어야 한다. 때맞추어 적절하게 시장과 환경의 변화를 담아내는 작업이 필요하다. 특히, 4차 산업혁명이 본격적으로 진행되면서 IT 부문을 중심으로 일어난 급격한 변화 추세와 국내에서 사회적 기업에 관한 관심이 증대한 것들을 고려할 때, 창업의 영역은 더욱 넓어졌다. 이에 발맞추어 창업과 관련하여 가르칠 내용도 상황에 따라 많이 변해왔고 앞으로도 변할 것이다.

1차 개정에 이은 2차 개정판의 필요성이 제기된 때는 올해 봄이었다. 1차 개정판의 재고가 얼마 남지 않은 것도 하나의 이유였지만, 창업과 관련된 환경이 변화한 것을 충분히 반영하여 독자들에게 좀 더 도움이 되도록 집필 내용을 수정, 보완해야겠다는 점이 가장 큰 이유였다. 가능한 한 기존의 틀을 유지했지만, 해당 부분마다 변화된 최신의 내용을 중심으로 다시 집필할 필요가 있었다는 점이 저자들의 공통적인 생각이었다. 어떤 부분은 해당 분야에서 전문성을 인정받은 분을 새로 영입할 필요도 있었다.

저자들은 각자가 집필한 부분에 대한 개정 및 보완 작업에 들어갔고, 함께 책을 집필한 경험이 있어서 초판 때보다 쉽게 작업을 마칠 수 있었다. 물론 함께 책을 집필하는 작업이 여전히 힘든 일이라는 점은 계속 느낄 수 있었다. 특히, 창업과 관련하여 변화된 시스템을 일일이 점검하고, 그것을 이 책에 반영하는 일은 정교함과 꼼꼼함을 바탕으로 진행해야 했기에 당연히 저자들의 인내가 필요한 것이었다. 그런데도 지면 관계상 현재 창업 현장에서 응용되는 사례들을 충분하게 보충하지 못했다는 점은 여전히 아쉽다.

초판 서문에서도 언급했듯이, 이 책은 대학에서 창업 관련 교과목을 가르치고 계신 교수님들께 조금이나마 도움이 되기를 바라고 쓰기 시작했다. 그런 흐름은 개정판 작업에서도 마찬가지로 유지되었다. 그러나 제3판 개정 작업을 마치고 나니 여전히 아쉬움이 남는다는 것은 모두 저자들의 불민함에 기인한다. 새로운 책을 쓰거나 그것을 보완하고 개정하는 작업은 그동안 저자들이 알거나 경험했던 것을 정리한다는 차원을 넘어, 저자들의 부족함을 다시 한번 확인하는 과정이었음을 고백하지 않을 수 없다. 저자들의 경험과 식견이 짧고 미처 깨닫지 못해 이번에 담지 못한 것들은 훗날에 저술하실 분들의 몫으로 남겨 두게 됨을 널리 이해해 주시길 바란다. 그러면서도 이번 개정판이 창업을 고민하고 준비하며 공부하는 학생들이나 실무가들에게 도움이 되길 진심으로 바라마지 않는다.

많은 분의 가르침과 도움이 이 책을 처음 집필할 때부터 개정판에 이르기까지 계속 유지되었음에 깊이 감사드리며, 그 은혜를 잊을 수 없다. 먼저, 학문의 길을 걸어가는 부족한 제자의 모습을 묵묵히 지켜봐 주시는 공저자들의 은사님들께 깊은 감사의 말씀을 올린다. 그리고 같은 길을 앞서 걸어가신 선배 학자님들, 다양한 경험과 아이디어를 공유해 준 동료 교수님들께도 감사드린다. 무엇보다 창업 현장에서 지금도 불철주야 애쓰시는 창업가들과 실무자들의 노고와 헌신에 감사드린다. 그리고 이 책을 출판하는 데 필요한 경험, 지원과 배려를 아끼지 않으신 강철원 대표님과 양성원 임직원 여러분께 고마운 마음을 표한다. 그리고 이 책으로 함께 공부할 젊은 예비 창업가들의 꿈과 목표가 이루어지길 간절히 바라며, 그들의 뜨거운 열정에 힘찬 박수를 보낸다.

2023년 8월

저자 일동

차례

CARD

Chapter 1

응답하라! 기업가정신

1. 기업가와 기업가정신의 의의
2. 한국경제와 기업가정신의 역할
3. 기업가정신의 유형
4. 기업가정신의 요소

Chapter 1

응답하라! 기업가정신

1. 기업가와 기업가정신의 의의

미국의 경제학자 슘페터(J. Schumpeter)는 자본주의 발전의 원동력이 혁신(innovation)과 창조적 파괴(creative destruction)를 실천하는 기업가(entrepreneur)라고 주장하였지만,[1] 현재 기업가정신(entrepreneurship)은 경제, 사회, 정치, 문화 등의 모든 영역에서 새로운 가치와 부를 창출하면서 세상을 변화시키고 발전시키는 성장엔진이 되고 있다.

미국이 일본의 추격을 따돌리고 세계 경제를 선도하는 역할을 유지할 수 있었던 주된 원동력은 실리콘밸리를 중심으로 경쟁력 있는 기업과 대학들이 끊임없이 새로운 지식과 기술을 발굴하고 이를 통해 신제품과 서비스로 전환하는 기업가정신을 부활시켰기 때문이며, 일본이 기업가정신의 퇴조로 경제성장이 정체되고 있는 동안 한국과 중국은 왕성한 기업가정신을 바탕으로 G20의 주요 국가로 급부상할 수 있었다. 앞으로도 우리나라가 계속해서 발전하여 세계 역사를 주도하는 나라로 성장하기 위해서는 이제 우리 대학생들이 미래의 꿈과 비전을 세우고 새로운 가치를 창출할 기회를 포착해 계속해서 모험과 도전을 하는 기업가정신에 응답할 필요가 있다.

1) 기업가

기업가정신의 개념을 알기 위해서는 먼저 기업가가 무엇인가를 살펴볼 필요가 있다. 기업가(entrepreneur)란 '수행하다', '시도하다', '모험하다(to undertake)'의 의미를 지닌 프랑스어 'entreprendre'에서 유래되었다. 16세기 초 프랑스에서 'entreprendre'는 '군대 원정을 이끄는 책임을 맡은 사람'을 의미하는 용어로 사용되었다.

이후 사업가이자 경제학자인 칸틸론(R. Cantillon)은 해상무역이 활발하던 시기에 위험을 감수하고 무역을 통해 이윤을 추구하는 무역업자를 기업가라 칭하면서 이윤 추구라는 경제 행위의 주체로서 기업가라는 용어가 처음 활용되기 시작되었고, 미국의 경제학자 슘페터가 기업가를 '기회를 추구하며 자원을 새롭게 결합하는 창조적 파괴를 통해 경제발전을 이룩하는 혁신자'로 정의를 내리면서 체계적으로 개념이 정립되었다.

〈표 1-1〉에서 볼 수 있듯이 기업가의 개념에 대해 학자마다 다양한 관점을 제시하고 있다.[2)]

학자들의 의견을 종합하여 볼 때, 오늘날 기업가란 '부의 창출을 목적으로 시장에서 기회를 포착하고, 그가 인지하고 있는 자원의 불균형을 혁신적인 사고나 방법으로 극복하고, 끊임없이 행동하는 올바른 사람'으로 정의할 수 있다(실습 1-1).

2) 기업가정신

최근 중국의 인터넷 상거래 업체인 알리바바가 미국의 증권시장에 상장되어 단번에 시가총액 200조 원이 넘는 기업이 되었다. 이 기업을 1999년에 창업한 사람은 중국의 한 대학에서 영문학을 전공하고 한때는 영어 선생이었던 마윈(馬雲, Mǎ Yún)이라는 사람인데, 그는 어떻게 큰 기업을 이루었을까? 큰 기업을 이룬 것은 나중이고 그가 그러한 사업에 도전하게 한 것이 무엇일까? 또한, 페이스북의 창시자인 마크 저커버그(Mark Elliot Zuckerberg)는 하버드대학교 재학생 시절에 말썽 많은 문제아처럼 보였다. 하지만 그는 어떻게 사람들의 소통 도구인 SNS를 창업하게 되었고, 지금은 세계 최고의 일류기업이 되었을까? 이에 대한 해답이 바로 기업가정신이다.

〈표 1-1〉 기업가의 주요 정의

학자	개념 및 속성
Cantillon(1730)	자신의 활동을 시장 요구에 부응하는 불확실한 수익을 지닌 무역업자
Nicollas(1967)	새로운 과학적 아이디어를 포함한 리더, 자원경영자, 아이디어의 혁신가 그리고 위험 감수자
Schumpeter(1934)	창조적 혁신자
Penrose(1959)	경영자적 능력이 기회를 확인하고 소기업을 개발할 수 있는 기업가적 능력과 분리된 자
Drucker(1964)	기회를 최대화하는 사람
Cole(1968)	이윤 지향적 사업을 시작하고, 유지하고, 개발하기 위한 목적 지향적 활동을 하는 사람
Shapero(1975)	사업을 시작하고, 사회경제적 메커니즘을 조직하며, 실패의 위험을 받아들이는 사람
Casson(1982)	희소자원의 조정에 대한 의사결정과 판단을 하는 관리자
Carland et al.(1984)	성장과 이윤의 목적에 맞춰 혁신에 집중하는 관리자
Stevenson et al.(1989)	기존에 통제된 자원을 고려함 없이 기회를 추구하는 사람
Timmons(1999)	불확실하고 모호한 상황을 감수하고 성공을 위해 꾸준히 노력하는 사람

* 출처: 이덕훈(2012). 창업학의 이해. 비앤엠북스, 37에서 수정, 인용.

실습 1-1 기업가의 의미

- **목적**: 우리나라 대표기업 창업주들의 사례 분석을 통해 기업가의 개념을 알아본다.
- **진행방법**: 다음 창업주들의 사례를 찾아 기업가의 특성이 무엇인지 밝혀본다.

창업주	사례조사
삼성 이병철	
현대 정주영	
LG 구인회	
기타	
바람직한 기업가의 모습은 무엇인지 제시해 보자.	

창업이란 '새로운 기업을 창조하는 일'로서, 기회를 인식하고 계획을 수립하여 실행하는 것이다. 이를 위해 필요한 자원을 투입하고 가치를 창출하고자 이에 수반되는 위험을 적절히 관리하는 과정이다. 이처럼 새로운 사업을 시작하는 것이 창업이라면 창업을 시작하고 움직이는 주체가 있어야 한다. 창업 또는 사업이라는 객체를 움직이게 하는 주체가 바로 창업가 또는 기업가이다. 이렇게 사람들이 도전하고 새로운 것을 시작하게 하는 모험정신과 도전정신이 바로 기업가정신(entrepreneurship)이다.

기업가정신은 기업 활동의 시작과 도전만을 의미하는 것은 아니며 과학기술이나 예술 분야, 심지어 스포츠 분야에서도 필요한 것이다. 여러 어려운 여건 속에서 도전을 준비하고 도전하는 모든 활동을 기업가정신이라고 할 수 있다. 특히, 경제활동을 하는 주체인 기업을 설립하고 새로운 제품이나 서비스를 고객에게 제공하며 수익을 창출하는 일련의 과정에서도 기업가정신은 매우 중요하다.

이처럼 창업을 이야기하며 기업가정신을 언급하기 때문에 마치 두 개의 단어는 불가분의 관계에 있다. 그러나 〈표 1-2〉에서 보는 바와 같이 기업가정신이라는 용어는 많은 연구자에 의해 다양한 관점에서 정의되어 왔기 때문에 지난 200여 년 동안 기업가정신을 정의하는 데 있어 매우 혼란스러움을 느낄 정도이다.[3] 이로 인해 대학생들이 이해하기 쉽고 수용할 수 있는 기업가정신은 더욱더 찾기 힘들어졌다.

그러면 이처럼 학자들이 기업가정신에 대해 다른 관점을 보이는 이유는 무엇일까? 기업가와 기업가정신의 관계는 신사와 신사도의 관계와 같다고 볼 수 있다. 흔히 신사(gentleman)는 태도가 바르고 부드러운 사람으로서 신사적일수록, 즉 태도가 바르고 부드러울수록 신사도(gentlemanship)가 강하다고 한다. 따라서 신사도는 신사가 될 수 있는 자질을 말한다. 이와 마찬가지로 기업가정신은 기업가가 될 수 있는 자질 혹은 행동특성이다. 따라서 기업가정신은 기업가를 어떻게 보느냐에 따라서 달리 정의될 수 있다(실습 1-2).

그렇다면 이상의 다양한 기업가정신에 대한 정의 중에서 어떤 정의가 가장 타당하다고 볼 수 있겠는가? 이는 매우 어려운 질문이다. 다만, 다양한 정의에 공통되는 요소를 찾는다면 그것은 '새로운 가치 창출'이라고 할 수 있다. 학자들이 제시하는 또 다른 기업가정신의 정의에 해당하는 위험 감수, 기회 포착, 조정, 기술혁신,

의사결정 등은 결국 가치 창출로 귀결될 수 있기 때문이다.

〈표 1-2〉 기업가정신의 주요 정의

연구자	정의	중심 내용
Knight(1921)	불확실성과 위험의 부담으로부터 생기는 이윤을 추구하는 행위	위험 감수, 이윤 추구
Schumpeter(1934)	생산적 요소의 새로운 조합을 발견하고 촉진하는 창조적 파괴의 과정	새로운 결합 촉진
McClelland(1961)	개인의 적절한 위험 도전 성향	위험 감수
Leibenstein(1970)	조직의 비효율성을 제거하고 조직의 엔트로피를 역전시키는 과정/활동	비효율성 제거, 가치 창출
Casson(1982)	희소자원을 조정하는 의사결정 활동과 과정	자원의 조정
Stevenson(1983)	현재 보유하고 있는 자원에 구애받지 않고 기회를 추구하는 것	기회 추구
Burgelman(1983)	사내 벤처(팀)를 창출하는 과정	조직체 창조
Ronstadt(1984)	점진적인 부 창출을 창조하는 역동적 과정	이윤 추구
Gartner(1985)	신조직의 창조(과정/활동)	조직체 창조
Drucker(1985)	새로운 부 창출 능력을 지닌 기존 자원의 할당을 포함한 혁신의 한 행동	혁신(자원의 할당)
Schuler(1986)	사내 기업가들의 혁신적, 위험 감수적 활동	혁신과 위험 감수
Stevenson & Jarillo-Mossi(1986)	기회를 개발하기 위해 자원을 결합함으로써 가치를 창조하는 과정	가치 창출
Amit et al.(1993)	불확실하고 모호한 환경하에서 새롭고, 독특하고, 가치 있는 자원의 조합으로부터 수익을 창출하는 과정	자원의 조합
Kao(1995)	부가가치를 창출하는 과정	가치 창출
Lumpkin & Dess (1996)	조직의 신규 진입	사업기회 추구와 성장성
배종태 · 차민석(2009)	현재 보유하고 있는 자원이나 능력에 구애받지 않고, 기회를 포착하고 추구하는 사고방식 및 행동 양식	기회를 추구하는 사고방식 및 행동 양식

* 출처: 강재열(2012). 조직 내 사회자본 및 지적자본과 조직 유효성의 관계에서 조직 기업가 지향성의 매개역할. 충남대학교 대학원 박사학위 논문. 45에서 수정, 인용.

실습 1-2 기업가정신의 의미

- **목적**: 대표 아이템의 자료조사를 통해 기업가정신의 의미를 이해한다.
- **진행방법**: 다음 아이템에 대해 조사하고, 기업가정신의 공통점을 제시한다.

대표 아이템	자료조사
애플의 아이폰	
제주의 올레길	
스타벅스의 커피	
테슬라의 전기자동차	
기업가정신 측면의 공통점을 제시하시오.	

따라서 본 교재에서는 기업가정신을 '새로운 가치를 창출(new value creation)하려는 동기와 실천하는 활동(과정)'으로 정의하고자 한다. 에디슨의 백열전구 발명, 스티브 잡스의 스마트폰 개발, 방송 〈개그콘서트〉의 새로운 코너 개발, 허니버터칩이나 초코파이의 개발, 딤채라는 세계 최초의 김치전용 냉장고의 개발 등은 모두 새로운 가치를 창출하려고 시도되었고, 그 결과 전에는 없었던 새로운 가치를 창출하고 있다는 공통점이 있다. 이러한 새로운 가치를 창출하기 위해서 기업가들은 변화, 혁신, 창조적 파괴, 혁명, 개선, 발견, 개척, 발명, 개발, 위험 감수, 모험에의 도전, 불확실성의 인내, 창의성 발휘 등의 여러 가지 활동 및 행동방법을 사용할 수 있다. 이처럼 기업가정신은 오늘날 사회의 모든 영역에서 새로운 가치를 창출하는 시대정신(the spirit of times)이라고 할 수 있다.[4)]

〈표 1-3〉 기업가정신의 공통적인 개념

기업가정신	새로운 가치를 창출하려는 동기와 실천하는 활동(과정)
실천 행동	변화, 혁신, 창조적 파괴, 혁명, 개선, 발견, 개척, 발명, 개발, 위험 감수, 모험에의 도전, 불확실성의 인내, 창의성의 발휘

2. 한국경제와 기업가정신의 역할

기업가정신이 왜 중요한가? 바로 기업가정신이 세상을 변화시키고 발전시키는 핵심 동인이기 때문이다. 6·25전쟁 당시 UN군 사령관이었던 맥아더(MacArthur) 장군은 "대한민국이 전쟁에서 회복되려면 최소한 100년은 걸릴 것"이라고 했다. 부존자원, 자본, 기술 그 어느 것 하나 제대로 없는 나라에서 전쟁은 그나마 남아 있는 것도 파괴하고, 나라와 국민을 더 궁핍하게 만들었다. 경제개발계획이 추진되기 직전인 1961년에 필리핀은 우리보다 세 배나 잘 사는 선진국이었고 부러움의 대상이었다.

그로부터 60년이 지난 지금 대한민국은 저개발 농업 국가에서 근대적인 산업국가로 기적처럼 변신하였다. 2009년 11월에는 OECD 산하의 개발원조위원회(Development Assistance Committee: DAC)에 가입하면서 피(被) 지원국이 지원국으로 지위를 전환한 유일한 나라가 되었다. 1인당 국민소득은 비약적인 증가를 거듭하여 2만 달러에 이르고, 필리핀을 포함하여 많은 아시아인에게 대한민국은 '코리안 드림'을 이루기 위해 가고 싶은 동경의 나라가 되었다.

인적 자원 외에는 사실상 아무것도 내로라할 게 없는 상태에서 선진 공업국으로 도약하는 데는 삼성, 현대, LG, SK, POSCO 등 창업 1세대들의 기업가정신이 절대적인 역할을 했다. 한국 산업의 발전 과정은 이들 창업 1세대들의 도전과 성취 과정이었다.

대한민국 창업 1세대의 기업가정신은 이미 존재하는 생산요소들을 새롭게 해석하여 신제품을 만들거나 혁신적인 방식으로 재결합하여 부가가치를 높이는 차원이 아니었다. 자본, 기술, 주변 인프라, 경험과 같은 주요 생산요소가 부족한 상태, 즉 사실상 무(無)에서 산업을 만들어 내는 기업가정신이었다. 이 때문에 대한민국의 기업가정신이 높이 평가되고 국내·외 학계에서 주목하는 것이다.

현대그룹 창업자인 고(故) 정주영 회장의 경우만 봐도 경부고속도로와 소양강댐 건설 이야기, 미국의 반대를 이겨내면서 1974년에 자동차 독자 모델 '포니'를 만들어 성공시킨 이야기, 조선소를 짓기도 전에 거북선 그림이 있는 500원짜리 지폐를 들고 유조선 건조 계약을 따내고 1974년 6월에 조선소 건립과 함께 동시에 2척의 배를 성공리에 진수시켜 세계 조선사에 전무후무의 기록을 세운 이야기, 1984년 폐유조선을 이용하여 서산방조제 물막이 공사를 마무리한 이야기, 일본에 밀려서 다들 안 된다던 88서울올림픽을 성공리에 유치했던 이야기 등 영웅적 서사시와 같은 사례들이 넘친다.

또한, IMF 위기 속에서 한국 벤처기업은 미국 실리콘밸리에서 시작된 IT 산업의 신성장과 맞물려 경제위기 극복을 위한 구원투수 같은 사회경제적 희망으로 주목받았다. 당시 벤처 창업가들이 기업가정신을 발휘해 디지털 신기술에 바탕을 둔 제품 및 서비스를 개발하는 첨병 역할을 하여 경제위기 극복의 근간이 되었다. 창업에 도전한 벤처기업인들의 성공과 실패, 그리고 재도전 정신은 재벌기업의 한계를 대체할 수 있는 새로운 패러다임으로 자리했다.

그러나 최근 들어 경기침체와 더불어 청년층의 기업가정신은 오히려 쇠퇴하고 있다며 걱정하는 이들이 많다. 아무것도 하지 않으면서 일할 의지도 없는 청년 백수, 이른바 '니트족(Not in Education, Employment, or Training: NEET)'이 100만 명을 넘어선 것도 청년층의 기업가정신이 약하기 때문이라고 한다. 대한민국 창업 1세대들이 20대에 창업했던 것에 비하면 지금 청년 기업가정신은 문제가 있어 보인다.

기업가정신은 멀리 있지 않다. 빌 게이츠(B. Gates), 마이클 델(M. Dell), 리처드 브랜슨(R. Branson), 마크 저커버그(M. E. Zuckerberg), 고(故) 이병철 등 세계적으로 널리 알려진 경우만 기업가정신을 발현한 사례가 되는 것은 아니다. 또 경영학 등의 몇몇 전공자만 가지는 특정 영역을 대상으로 하지도 않는다. 사회적 기업가정신, 공공 기업가정신, 농업 기업가정신 등 우리의 경제와 사회 모든 영역에서 새로운 가치 창출의 기회를 발견하고, 창조적 혁신의 과정을 통해 이를 실행하는 일련의 모든 활동이 기업가정신을 발현하는 예에 해당한다.

학교에서 학생들을 지도하는 선생님들이 한정된 자원과 불확실성 가운데 혁신적인 교육방법을 찾기 위해 도전하고 그것을 체계화하여 여러 선생님 또는 학교들과 공유하며 나눈다면 이 선생님은 바로 기업가적 교사(entrepreneurial teacher)가 되는 것이다. 작곡가가 자신이 작곡한 곡을 제대로 이해하고 소화할 수 있는 가수를 섭외하여 노래를 만들어 앱스토어를 통해 보급한다면 이 역시 기업가적 음악인(entrepreneurial musician)이라고 할 수 있다. 가수 '싸이' 또한 기업가적 음악인의 좋은 예에 해당한다고 볼 수 있다(실습 1-3).

따라서 우리 대학생들이 기업가정신을 삶의 기술 또는 생존 기술로 개념화하여 시대가 요구하는 기업가정신에 강력하게 응답함으로써 한국 사회 경제발전의 주축이 될 필요가 있다.

실습 1-3 기업가정신의 발휘

- **목적**: 생활 속의 기업가정신 사례를 찾아 기업가정신의 의미를 이해한다.
- **진행방법**: 대학생 수준에서 본인이 기업가정신을 발휘한 사례를 찾아본다.

본인의 기업가정신 발휘 사례	의미

3. 기업가정신의 유형

기업가정신은 다양한 대상과 상황에 적용될 수 있는데, 대표적으로 기존 기업의 기업가정신, 대학 기업가정신, 사회적 기업가정신이 있다.

개인이 창업하는 과정에서 나타나는 사고를 '독립 기업가정신(independent entrepreneurship)'이라고 한다면, 기존 기업이 신규 아이템을 개발하거나 이를 위해 조직을 전략적으로 쇄신하는 과정에서 나타나는 기업가적인 사고나 행동 양식은 '사내 기업가정신(corporate entrepreneurship)'이라 정의할 수 있다.[5] 즉, 사내 기업가정신은 기업에서 신규 사업을 개척하는 경우뿐만 아니라 조직문화 쇄신을 위해 팀과 부서의 구성과 문화를 변화시키는 데도 필요하다.

최근에는 대학에도 기업가정신이 요구되고 있다. 일반적으로 대학은 교육을 통해 우수 인재를 사회에 배출하는 역할을 수행해왔다. 하지만 2000년대 미국의 실리콘밸리를 중심으로 많은 대학이 산학협력을 강화하였고, 연구자들이 스스로 창업하여 연구 성과를 사업화하는 데 큰 성공을 거두었다. 이에 따라 대학이 산학협력 및 연구실 창업을 통해 기업가정신을 발현하고 이를 통해 사회 및 경제에 더 적극적으로 이바지해야 한다는 논의가 생겨났다. 즉, 대학 기업가정신(academic entrepreneurship)은 '대학이 관여하는 특허 · 라이센싱 · 창업 · 기술이전 · 지역경제발전 등 제반 기업가적 활동'이라고 정의된다.[6]

마지막으로 기업가정신은 정부와 비영리조직이나 사회적 기업에도 적용될 수 있다. 이를 사회적 기업가정신(social entrepreneurship)이라 부르며, '비영리기관이나 기업, 정부 부문 내에서 또는 서로 연계하여 일어나는 혁신적인 사회적 가치 창출 활동'으로 정의하고 있다.[7] 이는 기업가정신과 같이 새로운 가치의 창출 또는 기존의 가치에 덧붙여 부가가치를 창출하는 것은 맞지만 그 대상이 고객의 니즈(needs)나 사회의 수요를 넘어 인간의 결핍과 사회의 문제까지를 포함한다(실습 1-4).

실습 1-4 기업가정신의 유형

- **목적**: 다양한 기업가정신 유형의 사례를 찾아 의미를 이해한다.
- **진행방법**: 다양한 유형의 기업가정신 사례를 찾아 분석해 본다.

기업가정신의 유형	사례
사내 기업가정신	
대학 기업가정신	
사회적 기업가정신	

4. 기업가정신의 요소

기업가정신의 구성요소는 기업가정신의 개념만큼이나 학자에 따라 다양하게 제시되고 있으나 많은 학자가 공통으로 혁신성(innovativeness), 위험 감수성(risk taking), 진취성(proactiveness)을 제시하고 있다.

혁신(innovation)은 과거와는 다른 새로운 생각이나 방식으로 일하는 것 또는 새롭게 개혁하는 것을 의미하며 오늘날 창업에 있어 핵심적인 요소라 할 수 있다. 이러한 혁신을 창출하는 원동력인 창업자의 혁신성은 '시장에 적합한 아이디어를 비즈니스의 기회로 전환하는 과정으로 창조적 아이디어와 적극적인 자세로 신제품이나 프로세스를 개발하는 능력'을 말한다.[8)]

창업을 위해서는 반드시 자금을 투자해야 해서 재무적 위험이 뒤따르기 마련이다. 따라서 실패로 인한 자신감 상실과 심리적 압박감이 초래될 수도 있다. 그런데도 위험을 기꺼이 수용하고자 하는 개인적 성향이 바로 위험 감수성(risk taking)이다. 즉, 위험 감수성은 '사업성과가 매우 불확실한 상황이거나 실패로 인한 손실이 큰 사업임에도 불구하고 막대한 자원을 투입할 수 있는 성향'을 말한다.[9)] 이처럼 창업자들은 아무도 경험하지 않고 확실히 검증되지 않은 모험적인 사업을 시도해 보고자 하는 성향을 가지고 있다.

기업가적 사고는 새로운 기회를 발견하기 위해 발 빠른 행동을 취하게 한다. 상황적 제약을 받지 않고 환경 변화를 일으키는 것이 바로 진취성이다. 창업자들은 외부 환경에 끌려다니는 것이 아니라 새로운 환경에 더 잘 적응하고자 남보다 먼저 생각하고 앞서 나가려 한다. 게다가 미래지향적인 아이디어를 창출하고 문제 발생을 예견하여 사전에 방지하고자 한다.[10)] 즉, 진취성은 환경 변화를 감지하고 시장기회 포착을 위해 진보적인 시각으로 전략적인 의사결정을 함으로써 시장의 변화를 주도하고자 하는 것을 의미한다(실습 1-5).

실습 1-5 기업가정신의 수준 진단

- **목적**: 본인의 기업가정신 수준을 파악한다.
- **진행방법**: 다음 표준설문지에 응답한다.

기업가정신의 유형		전혀 그렇지 않다		보통		매우 그렇다
혁신성	나는 새로운 도전에 대한 두려움이 없다.	①	②	③	④	⑤
	나는 창의성이 뛰어나고 혁신적인 사고방식을 가지고 있다.	①	②	③	④	⑤
	나는 끊임없이 주변에 관심을 가지고 새로운 것에 대한 창의적인 아이디어를 생각한다.	①	②	③	④	⑤
	나는 어떤 일을 하든지 독창적이고 혁신적인 아이디어를 찾으려고 노력한다.	①	②	③	④	⑤
위험 감수성	나는 해야 할 일이라면 어느 정도 위험을 감수하더라도 수행한다.	①	②	③	④	⑤
	불확실한 상황일지라도 주저하기보다는 과감하게 결정하는 편이다.	①	②	③	④	⑤
	잠재적인 기회를 탐색하기 위해서는 위험을 무릅쓰고라도 공격적인 자세를 취해야 한다고 생각한다.	①	②	③	④	⑤
	나는 일을 하는 과정에서 위험을 감지하면 이를 극복할 방법을 적극적으로 찾아낸다.	①	②	③	④	⑤
진취성	무슨 일이든 시기를 놓쳐서는 안 되기 때문에 일단 결심이 서면 밀고 나간다.	①	②	③	④	⑤
	나는 전통이나 관습에 얽매이는 것을 불필요하다고 생각한다.	①	②	③	④	⑤
	나는 옛것보다는 새것이 좋으며 새로운 유행을 추구한다.	①	②	③	④	⑤
	나는 보수적인 기질보다는 진보적, 개혁적이라고 생각한다.	①	②	③	④	⑤
설문조사를 통해 알게 된 나의 기업가정신 수준은?						

CARD

Chapter

2

창업아이템 찾아보기

1. 아이템 선정의 중요성
2. 트렌드 변화와 창업기회의 발견
3. 창업아이디어 도출
4. 창업아이디어 탐색

Chapter 2 창업아이템 찾아보기

1. 아이템 선정의 중요성[1]

1) 아이템 선정의 기술

창업할 때 고민되는 부분 중 하나가 아이템을 선정하는 것이다. 좋은 아이템을 찾기 위해 오늘도 수많은 예비창업자가 성공을 꿈꾸며 동대문시장을 거닐기도 하고 일본, 중국 등 보따리 무역선에 몸을 싣기도 한다.

아이템 선정은 단순히 판매할 제품을 결정하는 것이 아니다. 제조, 유통, 판매, 소비 과정 등을 고려해야 하고, 경쟁자와 소비자가 분석되어야 한다. 수요와 비교해 보면 상대적으로 공급이 넘쳐나고, 가격비교 사이트 등을 통해 대부분 가격을 소비자가 먼저 알고 있어서 대박 아이템을 찾기란 쉽지 않은 일이다.

아이템을 잘못 선택하면 제품과 서비스를 개발하는 데 많은 시간과 돈을 낭비하게 된다. 이는 마케팅의 어려움으로 이어져 비즈니스를 어렵게 한다.

2) 창업자의 적성과 경험이 중요

일반적으로 창업아이템은 새롭고 유익하거나 품질이 좋아야 한다. 또한, 기존보다 더 싸게 상품을 만들 수 있을 때 경쟁력이 있다. 창업자가 아이템을 선정하기 위해서는 자신의 경험, 성격, 자금 규모, 전문성, 내 · 외부 환경 등이 고려되어야 한다. 아이템 선정 시 주요하게 고려해야 할 요인은 〈표 2-1〉과 같다.

〈표 2-1〉 창업아이템 탐색 시 고려 요인

항목	비고
창업자가 재미를 느낄 수 있는 아이템인가?	자신의 성격, 능력, 관심 분야, 가치관 등과 맞아야 한다.
상품의 공급은 쉬운가?	원자재, 인력 등 상품의 제조와 공급이 쉬워야 한다.
창업자가 잘 아는 제품인가?	제품의 기술적 특성, 유통 특성 등 창업자의 전문성이 중요하다.
아이템은 세분화한 것인가?	시간과 자본의 한계가 있는 창업기업은 세분 시장을 공략해야 한다.
경쟁이 치열한 아이템은 아닌가?	경쟁이 치열한 아이템은 대기업이나 기존 사업자가 더 잘할 가능성이 크다.
재구매가 가능한 아이템인가?	기존 고객의 재구매가 많아야 수익성이 높아진다.
제품 배송 시 파손 등의 위험부담은 없는가?	파손되기 쉬운 제품은 배송과 운반에 추가 비용이 들어간다.
반품의 확률이 낮은 제품인가? 높은 제품인가?	책과 같이 표준화된 제품은 반품이 낮은 데 비해, 개인의 취향이 중요한 상품은 반품이 높다.
가격경쟁력을 가지고 있는가?	경쟁자 및 대체 상품이 가격으로 경쟁할 때 대응할 수 있어야 한다.
유사 경쟁업체와 차별화가 가능한가?	차별화가 없는 비슷한 상품이라면 고객들은 가격에 영향을 받는다.
대기업이 단기간 내에 진입할 가능성은?	대기업은 낮은 원가로 제조하여 단기간 내에 유통할 수 있다.
유행과 관련된 제품인가?	유행을 타는 아이템은 사업이 계속될 수 없다.
계절에 따라 수요가 달라지지 않는가?	농산물같이 계절적 영향을 받는 아이템은 지속적 방문에 한계가 있다.
법적으로 문제는 없는가?	주세법, 청소년보호법 등 법적 문제가 없어야 한다.
어느 정도의 수익성이 있는 제품인가?	원가, 세금, 수수료, 재고비, 마케팅비, 인건비 등을 고려해야 한다.

3) 대체 상품도 점검해야 한다

아이템을 선정하기 위해서는 내부 역량 점검과 함께 외부적인 사항도 고민되어야 한다. 잠재고객이 파악되어야 하며, 위험부담이 적으면서 경쟁 상품과 차별점을 가질 수 있는지, 법적으로 문제 없는지, 공급은 원활히 이루어질 수 있는지 등이 충분히 검토되어야 한다.

간혹 경쟁자가 존재하지 않는다고 하는 예비창업자들이 있다. 과연 그럴까? 이는 같은 시장 내에서만 경쟁자를 찾았기 때문이다. 아이템을 분석할 때 주의해야 할 점 중의 하나는 같은 시장 내의 경쟁자와 함께 고객을 공유할 수 있는 대체 시장을 검토하는 것이다. 나이키가 경쟁회사를 게임회사로 선정했던 사례를 상기해야 한다. 많은 사람이 게임을 하느라 운동화를 신지 않고 있다면 이는 분명 대체 시장 관점에서 경쟁자가 되는 것이다.

2. 트렌드 변화와 창업기회의 발견

트렌드는 사람들의 보편적인 생각이자 행동이며 욕구에서 비롯된다. 그래서 현실과 일상의 수많은 단서에서 변화를 예측할 수 있다. 새로운 트렌드를 아는 것보다 그 트렌드가 어떤 이유로 만들어졌는지, 어떻게 진화하고 있는지, 어떤 것에 영향을 미치고 있는지, 어떤 비즈니스 기회를 만들어 낼지 아는 것이 더 중요하다.

〈표 2-2〉 소비자 환경과 소비트렌드 변화

소비자 환경	소비트렌드 변화
• 정치: 글로벌 공급망의 붕괴(재편), 미국과 중국의 패권싸움 강화 • 경제: 온라인 플랫폼의 일상화, 디지털 기반 경제구조 • 사회: 1인 가구 증가, '우리'보다 '나', 풍요로움을 경험한 MZ 세대 • 기술: 디지털, 인공지능, 반도체, 배터리, 자율주행 기술	• 취향, 경험, 라이프 스타일 소비 증가 • 소량, 다빈도, 근거리 소비 성향의 증가 • 온라인 쇼핑 확산(저렴한 가격, 편의성) • 시간을 절약해 주는 서비스 증가 • 주요 트렌드 키워드: #취향소비 #간편식확대(RMR) #구독 #푸드테크 #그린슈머 #건강식 #비건 #양극화 #큐레이션 #혼밥 #배달 #친환경 #간편식 #취향 #가치소비 #비대면 #O2O #개인화

1) 유통 업태 트렌드와 창업기회의 발견

(1) 온라인 투자를 강화하는 대형마트

대형마트는 동반성장에 대한 사회적 요구 증가로 영업시간 제한, 의무 휴일제, 판매장려금 규제 등으로 활동이 제한되고 있지만, 온라인 판매와 창고형 매장 강화, 자체 상품(PB) 및 글로벌 소싱 확대로 가격경쟁력을 갖추어 가고 있다.

(2) 온 · 오프라인을 통합하는 백화점

매장에서 물건을 보고 온라인으로 구매하는 쇼루밍(Showrooming)족 증가와 아울렛, 홈쇼핑, 인터넷쇼핑몰 등 저가격 채널로의 고객 이탈, 해외직구나 면세점 등 백화점 대비 저렴한 채널로의 고객 이탈 등의 위협요인이 있는 가운데 VIP, 외국인, 젊은 고객, 남성 고객 등 고객별 최적화 전략을 취하고 있다. 또한, 온 · 오프라인 고객 데이터 통합 작업으로 마케팅을 일원화하고 디지털 사이니지, 앱 서비스, 스마트결제 등 옴니채널 전략을 강화하고 있다.

(3) 유통혁신을 도모하는 슈퍼마켓

주력 분야인 식료품 시장의 경쟁 심화, 골목 상권 살리기 지원 사업 부진, 기업형 슈퍼마켓에 대한 동반성장 요구가 증가하는 가운데 중소 슈퍼마켓 연합을 통해 경쟁력을 강화하고 있다. 로컬푸드 등 유통혁신과 서비스 상품 판매, 온라인 판매와 배송서비스 강화 등으로 사업을 전개하고 있다.

(4) 생활편의용품을 판매하는 편의점

1인 가구를 대상으로 한 상품구성, 다양한 부가서비스 제공 그리고 유통의 가장 고유한 특징인 상품제안 등을 통해 대형마트를 위협하는 채널로 성장했다. 편의점의 특징 중 하나는 동네 상권에 있다는 것이다. 코로나 시대에 배달과 온라인 쇼핑몰이 해결해 주지 못하는 것을 편의점이 소화하면서 꾸준히 성장하고 있다.

(5) 오프라인을 넘어선 온라인 쇼핑몰

'COVID-19'를 겪으면서 50대 이상의 온라인 쇼핑몰 참여자가 큰 폭으로 확대되었다. 새벽 배송의 일반화, 무료배송, 무료반품 등으로 인해 온라인 쇼핑몰의 결제액이 오프라인을 넘어서기 시작했다. 오프라인 중심의 사업자들이 옴니채널 관점의 투자를 강화하면서 온라인이 차지하는 비중이 확대되고 있다.

2) 외식업종 트렌드와 창업기회의 발견

(1) 나홀로족을 적극적으로 겨냥한 음식업종

혼자 사는 나홀로족을 위해 소량으로 나누어 담은 과일과 다양하게 나오는 간편 조리 식품, 팩으로 포장된 채소와 손질된 마늘, 남의 시선을 의식하지 않으면서 음식을 먹을 수 있는 1인 식당, 퇴근 후 혼자서 음식을 먹을 수 있는 심야식당까지 음식업종은 1~2인 가구를 적극적으로 공략해야 한다. 커피전문점 등에서는 1인 좌석을 늘리는 등 1인 고객 수는 증가할 전망이다.

(2) 꾸준히 각광받는 건강 음식

패스트푸드 관련 간편식 시장과 함께 슬로푸드, 아날로그푸드 관련 건강 음식은 꾸준히 각광받을 것으로 전망된다. 사람들은 원산지 표시에 더욱 관심을 가질 것이며, 나트륨 함량 등 건강과 관련된 것에 더욱 민감하게 반응할 것이다. 잘 먹고 잘 사는 시대에서는 양보다는 질을 중시한다.

(3) 초소형, 서민형, 복고형 증가

세계 경제가 긴 불황의 터널에서 좀처럼 빠져나오지 못하면서 '불황형 소비'가 이어지고 있다. 가벼워진 주머니로 배불리 먹을 수 있는 서민형 먹거리 시장이 음식업종의 한 축을 이끌어 가고 있다. 경기 여파로 인해서 초소형 음식점이나 서민형 음식점, 복고형 음식점들이 증가할 것이다.

3) 서비스업종 트렌드와 창업기회의 발견

(1) 심리적 평안을 느낄 수 있는 공간서비스

소득수준이 증가하면서 삶의 질 향상, 고급화, 감성 소비 등에 비례하여 전 세계적으로 급격히 성장하고 있는 분야가 뷰티(미용)와 건강서비스업이다. 고령화, 외모 중시 경향 등 사회적 영향으로 아름답게 사는 것을 추구하는 안티에이징(anti-aging)이 새로운 산업 트렌드를 만들고 있다.

(2) 확장되는 대행서비스

맞벌이 부부의 증가와 1인 세대를 위한 맞춤형 집수리 및 집안일 서비스의 약진이 예상된다. 이른바 '슈퍼맨 아빠' 콘셉트의 생활서비스업은 각종 대행서비스 형태로 확장될 것이다. 대행서비스는 5,000원도 안 되는 금액으로 각종 서류 발급 대행부터 패스트푸드 배달 대행서비스까지 모든 것을 대행해 주고 있다.

(3) 건강과 취미를 동시에 추구하는 레저스포츠

등산로나 산길, 초원 등을 빠르게 걷거나 뛰는 트레일 러닝(trail running), 스트레칭과 댄스를 혼합하여 짧은 시간에 큰 운동 효과를 낼 수 있는 스포츠 댄스, 바쁜 현대 여성이 30분이라는 짧은 시간에 저렴한 비용으로 꾸준히 운동할 수 있도록 고안된 피트니스까지 건강과 취미를 동시에 추구하는 레저스포츠는 여전히 강세를 띨 것으로 예측된다.

(4) 목적 지향의 휴(休) 비즈니스

펜션 등의 시설 서비스업은 단순히 숙박사업의 개념을 뛰어넘는 목적 지향의 휴(休) 비즈니스 콘셉트로 발전될 전망이다. 놀고먹고 가는 공간에서 편하게 쉬었다 가는 공간으로 바뀌고 있다. 지방자치단체에서 운영하는 편백숲 숙박시설은 '방 구하기가 하늘의 별 따기'라고 할 정도로 휴(休) 비즈니스는 성업 중이다.

4) 문화적 트렌드와 창업기회의 발견

(1) 소비의 주역으로 떠오르는 30~40대

국내 백화점 연령대별 매출 구성비는 30~40대가 55% 이상이다. 특히, 30대는 내일보다는 오늘을 더 중요시하는 소비 형태를 보였다. 30~40대는 장난감을 가지고 놀기도 하며, 일상의 탈출구로 야구와 같은 스포츠 동호회에 더욱 열성적이다. 답답한 도심을 떠나 캠핑을 즐기는가 하면, 자신들만의 취향, 경험, 라이프 스타일에 대한 소비가 증가하고 있다.

(2) 스마트 기술이 바꾼 풍경

스마트폰 5,000만 대 시대, 전국 어디에서나 손쉽게 스마트폰으로 정보를 검색하고, 서로 연결될 수 있는 시대가 되면서 사람들은 사람들과 대화하지 않고 스마트폰만 들여다보고 있다. 모바일기기 사용시간이 TV 시청 시간을 추월하여 일상생활에서 꼭 있어야 할 것이 된 지 오래되었다.

(3) 뭐든 의지하고 싶은 사람들, 힐링 시대

바쁜 일상과 치열한 경쟁에서 오는 스트레스와 상처를 치유하고 싶은 사람들이 증가하고 있다. 그러려니 하며 참고 살거나, 가끔 떠나는 휴가로는 현대인의 상처가 해소되지 못한다. 개인뿐만 아니라 사회 전체가 그렇다. 현대인에게 가장 필요한 건 자신의 이야기를 들어줄 사람과 자신의 상처에 공감해 줄 콘텐츠이다. 힐링은 교육, 콘텐츠, 음료, 취업, 금융, IT에 이르기까지 모든 영역에 적용되고 있다.

(4) 연결되고 싶은 사람들, 소셜미디어

모바일로 사람들과 쉽게 대화할 수 있는 카카오톡, 페이스북, 인스타그램 등의 서비스가 일반화되었다. 가족끼리 대화방을 만드는가 하면 동창회, 모임 등도 모두 소셜미디어를 통해 대화하고 있다. 단순히 정보를 소비했던 사람들이 이제는 스마트폰으로 자신의 이야기를 생산하고, 생산된 정보를 소셜미디어에 게재하는가 하면, 친구들의 이야기를 '좋아요'와 '공유하기' 형태로 유통까지 해주고 있다.

5) 라이프 스타일 트렌드와 창업기회의 발견

(1) 화장하는 남자, 요리하는 남자

'군인이 무슨 화장이야?'라고 생각할 수 있지만 2010년 출시된 군인용 위장크림은 출시 1년 만에 10만 개가 팔리며 '대 히트'를 쳤다. 외모를 가꾸는 남성을 가리

키는 이른바 '그루밍족'을 눈여겨봐야 한다. 실제 남성 화장품 시장은 매년 10% 이상 성장하고 있다. 요즘 남자들은 당당하게 육아 휴직을 신청하는가 하면, 여자를 대신해 살림을 전담하기도 한다. 요리 교실에서는 요리를 배우려는 남자들도 증가하고 있다.

(2) 새로운 가족의 탄생

강아지 전용 맥주가 미국과 일본 등에서 출시되어 판매되고 있다. 우리나라에서도 수입되어 판매되고 있는데, 사람이 마시는 맥주보다 비싸다. 강아지가 가족이 되는 순간 사람들은 가족을 대하듯 애완견을 위해 돈을 쓴다. 시장이 커지면서 점점 고급화되는 경향도 보였다. 청담동에 있는 애견센터에서는 건강검진권이 최고 100만 원, 호텔 스위트룸 숙박은 20만 원에 달한다.

(3) 외톨이 전성시대

남성 20%, 여성 10%가 평생 한 번도 결혼하지 않는 생애 미혼율이다. 2030년에는 남성 30%, 여성 20%로 증가한다고 한다. 경기불황의 여파로 결혼을 포기하고 자신만의 라이프 스타일을 추구하는 사람들이 증가하고 있다. 이처럼 혼자 사는 사람들을 겨냥한 프리미엄 제품들이 꾸준히 증가하고 있다.

(4) 공유경제와 소비 이중성

정수기, 자동차에 이어 사용하지 않는 방, 입지 않는 옷을 빌려주기도 한다. 이제는 잘 빌리는 게 소비의 미덕이다. 과거처럼 소유가 아닌 공유를 통해서 어떻게 더 잘 쓸까를 고민하면 된다. 파는 것만이 능사가 아니라 빌려주는 것도 중요한 비즈니스 기회다.

공유를 통해 알뜰한 소비를 하는 한편, 자신의 가치를 높여 주는 명품소비가 증가하고 있다. 풍족해서 명품을 사는 것이 아니라 하나를 사더라도 제대로 사는 것이다. 보여 주는 과시가 아니라 나를 위한 소비 형태가 많아지고 있다.

(5) 개성을 소비하는 사람들

너무 빨리 변하는 시대와 소비문화에 대한 반발로 개성을 소비하는 사람들이 증가하고 있다. 빈티지, 앤티크와 같이 오래되고 낡은 것에 관심을 가지는 이유는 금방 출시된 새것과는 비교할 수 없는 고유의 가치를 지니고 있기 때문이다. 개성을 추구하는 사람들이 증가하면서 맞춤까지는 아니더라도 획일화된 제품 속에서 자신만의 개성을 드러내는 것에 관심을 지니는 사람들이 증가하고 있다.

3. 창업아이디어 도출

1) 작은 아이디어의 힘

창업과 아이디어에 관한 고정관념 중 하나가 높은 기술성이 있거나 혁신적인 것이어야 한다는 것이다. 그러나 세상을 바꿀 혁신적인 아이디어나 높은 기술성은 쉽게 얻어지지 않는다. 세상을 바꿀 수 있는 혁신적인 아이디어 못지않게 일상 속에서 떠오르는 아이디어도 충분한 가치가 있다.

구체적이고 획기적인 아이디어 없이도 성공을 거둔 기업의 사례는 많다. 예를 들어, '페이스북(Facebook)'은 학생들 가운데 두 명의 사진을 나란히 놓고 누가 더 잘생겼나를 판단하고 투표하는 '페이스매시(facemash)'가 모태이다. 어떻게 보면 우스꽝스럽지만 많은 창업기업은 이렇게 성장한다. '아마존(Amazon)'은 인터넷쇼핑몰로 출발하였지만, 지금은 전 세계 최고의 IT 회사가 되었다. 여성 의류 쇼핑몰 '스타일난다(www.stylenanda.com)'는 평범한 인터넷쇼핑몰에서 이제는 직접 옷을 디자인하고, 제작하고, 유통하면서 연간 1,000억 원이 넘는 매출액을 올리고 있다.

2) 창업아이템 탐색

(1) 롱제넥커 창업아이템 탐색방법론

롱제넥커(J. Longenecker) 등은 창업아이템 탐색을 위한 방법론으로 새로운 제품과 서비스로 새로운 시장을 형성하는 방법, 새로운 기술에 의해서 새로운 제품과 서비스를 제공하는 방법, 개선된 방식으로 기존 제품과 서비스의 기능을 제공함으로써 고객에게 새로운 혜택을 제공하는 방법을 제시했다.[2)]

창업아이템은 체계적인 탐색과 우연한 발견을 통해 찾아진다. 체계적인 탐색은 과거의 업무 경험 등에서 미흡했던 사항을 보완하는 과정에서 찾을 수 있으며, 생각을 확장하기 위한 다양한 방법론이 존재한다. 우연한 발견방법은 기존과는 다른 관점에서 접근하다 우연한 기회에 아이템을 찾게 되는 경우를 말한다.

자신에게 맞는 창업아이템은 경험과 지식을 통한 발굴, 취미활동을 통한 발굴, 외부의 제안에 의한 발굴, 기존 사업아이디어의 확장, 예상하지 못한 발견 등으로 구분할 수 있다.

(2) 새로운 아이디어와 파생적 아이디어

우리가 사는 현재 시점에서 사업화가 가능해야 한다는 기준으로 본다면 창업아이디어는 '새로운 아이디어'와 '파생적 아이디어'로 구분할 수 있다.

새로운 아이디어는 기존에 존재하지 않던 새로운 기술로 기존 산업을 무너뜨리거나 새로운 시장을 만들어 내는 것이다. 대표적으로 '테슬라모터스(Tesla Moters)'를 들 수 있다. 테슬라 모터스는 기존의 고정관념을 깨고 전기자동차만의 장점을 극대화한 고성능 차량을 선보였다. 높은 기술력을 바탕으로 효율성 높은 리튬전지를 개발하고, 미국 전역에 '슈퍼차저(Super Charger)'라는 전기 충전소를 곳곳에 설립하여, 테슬라 자동차를 구매한 고객들에게 무료로 충전할 수 있도록 했다. 기존의 자동차 시장을 파괴하고 새로운 질서를 선도하고 있다.

파생적 아이디어는 기존 기술을 재활용한 기술로 기존 제품, 서비스 그리고 프로세스에 기능을 추가하거나 비용 절감을 도모한다. 전통적 시장 또는 산업군 내에서 경쟁력 강화를 가능하게 한다. 파생적 아이디어는 점진적 혁신 상품으로 우리가 흔히 사용하는 방식이다. LCD TV에서 LED TV로 발전한 것처럼 기존의 단점을 개선하면서 점진적으로 성능을 향상하는 것이다. 기존의 불편한 사용방식을 개선한 아이템이 파생적 아이디어에 해당한다.

(3) 마르키데스와 게로스키 모델

마르키데스와 게로스키(Markides & Geroski)는 기업의 기존 역량과 자신에 대한 역량, 소비자의 습관과 행동에 대한 영향을 중심으로 중요한 혁신, 근본적 혁신, 점진적 혁신, 전략적 혁신을 제시했다.[3]

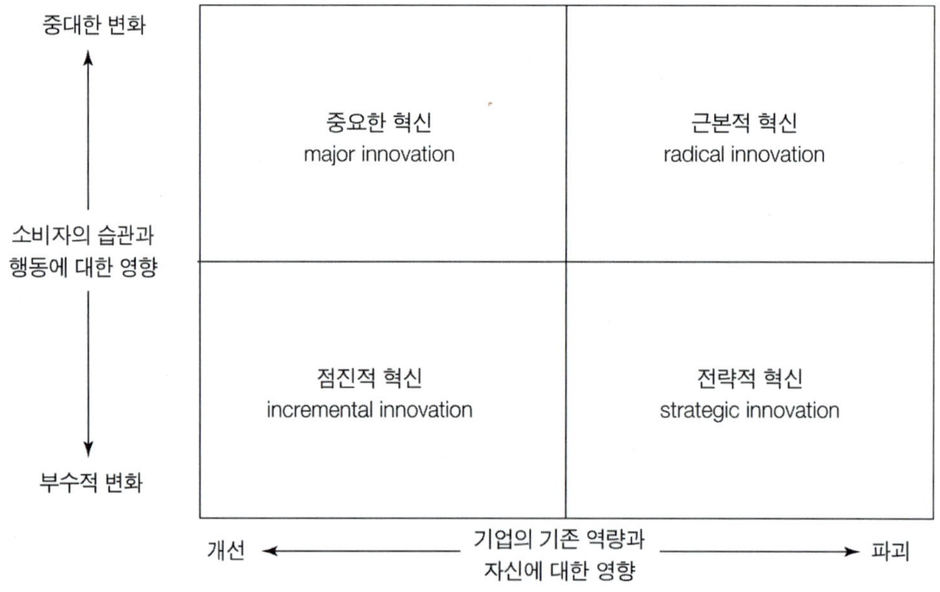

[그림 2-1] 마르키데스와 게로스키 모델

전략적 혁신은 소비자의 습관이나 행동에는 큰 변화를 주지 않으면서 기업의 핵심역량이나 자산을 변화시키는 것이다. 전략적 혁신기업은 기존의 게임을 경쟁사보다 잘 수행하여 성공한 기업이 아니라 다른 게임을 수행하여 경쟁사보다 많은 가치를 창출하는 데 성공한 기업들이다. 대표적인 기업이 국내에도 진출한 이케아(IKEA)이다. 이케아는 젊은 신혼부부를 대상으로 현대적 디자인의 저가 가구로 시장에 진입하였다. 전 품목을 실제 상태로 전시하여 홈 리빙 산업의 트렌드를 제안하였다. 가격을 낮추기 위해 영업사원 대신 셀프서비스 방식을 채택하고, 샘플 전시가 아닌 전 제품을 진열하는 방식을 택함으로써 매장 인력을 최소화했다.

근본적 혁신은 소비자의 습관이나 행동, 그리고 기업 역량의 변화를 요구하는 것이다. 근본적 혁신을 위해서는 이전까지는 존재하지 않던 완전히 새로운 서비스, 재화, 공정의 혁신이 필요하다. 대표적인 사례로 애플의 아이폰(iPhone)을 들 수 있다. 애플은 근본적 혁신을 위해 앱스토어라는 새로운 플랫폼을 도입하였다. 여기에 머무르지 않고 애플은 소프트웨어 개발자들이 아이폰용 애플리케이션을 쉽게 제작할 수 있도록 iOS SDK(Software Development Kit)를 배포하였다. 이를 통해 개발자들은 자신의 아이디어를 상업화할 수 있게 되었다. 애플은 지금까지 존재하지 않았던 근본적 혁신을 만들어 낸 것이다.

중요한 혁신은 소비자들의 습관이나 행동에서는 중대한 변화를 추구하되 자사의 역량까지는 혁신하지 않는 것이다. 대표적인 사례가 광동제약의 비타500이다. 광동제약은 정제나 과립 형태로 비타민을 먹어야 한다는 고정관념을 깨고 마시는 비타민을 출시했다. 비타500이 출시되기 이전에는 비타민을 마신다는 개념이 존재하지 않았다. 이미 출시된 상품에 끼어드는 '미투(Me too)' 제품이나 물타기 제품으로서의 위험성은 적었지만 그만큼 수익성도 낮은 법이다.

점진적 혁신은 우리가 흔히 사용하는 방식이다. 불량률을 1% 개선하고, 기존의 단점을 개선하는 방식으로 산업화 시대에 주로 사용되었던 방식이다.

4. 창업아이디어 탐색4)

창업아이템은 우연히 발견하거나 체계적인 탐색을 통해 찾을 수 있다.

우연한 발견이란 과거의 경험과 지식, 외부에서 얻은 정보, 취미활동 등을 통해 예상치 않게 아이디어를 얻는 것이다.

체계적 탐색이란 소비자 분석, 기존 제품과 서비스 분석, 기술의 변화 분석, 트렌드 분석 등을 통해 창업자가 아이템을 체계적으로 분석해서 찾는 것이다.

앞서 제시한 트렌드와 아이템 탐색방법을 바탕으로 다음 양식에 맞추어 자신만의 아이템을 적어보자(실습 2-1).

창업아이템을 도출한 사례는 〈표 2-3〉과 같다.

〈표 2-3〉 창업아이템 도출 사례

아이템 발굴방법	아이디어 원천	창업아이템
경험과 지식	PC로 영어공부를 하기 불편함	언제 어디서나 영어공부를 할 수 있는 플랫폼
취미 활동	주말에 학교 등에서 아마추어 야구가 진행됨	경기장 매칭 서비스
외부 정보	커피숍에서 종이에 도장을 찍는 적립방식이 불편함	스마트폰용 쿠폰 적립서비스
사업 확장	동대문에서 의류 판매 시 사업공간이 제한적임	온라인 쇼핑몰을 통한 판매

〈표 2-3〉에서 도출한 창업아이템을 대상으로 토론을 통해 사업화가 가능한지 확인해 보자. 간략한 사업 타당성 분석의 개념으로 구체적일 필요는 없다. 소비자 관점에서, 투자자 관점에서 사업기회가 있는지를 확인해 보는 것이다(실습 2-2).

실습 2-1 창업아이템 발굴하기

아이템 발굴방법	아이디어 원천	창업아이템
경험과 지식	PC로 영어공부를 하기 불편함	언제 어디서나 영어공부를 할 수 있는 플랫폼
취미 활동	주말에 학교 등에서 아마추어 야구가 진행됨	경기장 매칭 서비스
외부 정보	커피숍에서 종이에 도장을 찍는 적립방식이 불편함	스마트폰용 쿠폰 적립 서비스
사업 확장	동대문에서 의류 판매 시 사업공간이 제한적임	온라인 쇼핑몰을 통한 판매
기타		

실습 2-2 창업아이템 토론하기

창업아이디어	누가 고객인가?	기존의 문제점은?	어떠한 가치가 있는가?

(실습 2-2)에서 도출된 창업아이템에 관한 토론 내용을 정리하면 〈표 2-4〉와 같다.

〈표 2-4〉 창업아이템에 관한 토론 내용

창업아이디어	누가 고객인가?	기존의 문제점은?	어떠한 가치가 있는가?
언제 어디서나 영어공부를 할 수 있는 플랫폼	출퇴근 시간에 영어공부를 하고자 하는 직장인	학원에 방문하거나, 컴퓨터 앞에 앉아서 학습해야 함	스마트폰으로 언제 어디서나 영어공부를 할 수 있음
경기장 매칭 서비스	취미로 야구를 즐기는 사람들	개별적으로 경기장을 확인 후 예약해야 함	지역별로 경기장 예약 현황을 확인할 수 있고, 팀별로 경기할 수 있도록 매칭서비스를 제공
스마트폰용 쿠폰 적립 서비스	고객의 재방문을 위해 종이쿠폰을 발급하는 오프라인 커피숍 등	해당 커피숍의 종이쿠폰을 소지해야 하는 번거로움	스마트폰으로 매장별로 쿠폰 적립을 할 수 있고, 다른 매장에서도 적립한 쿠폰을 사용할 수 있음
온라인 쇼핑몰을 통한 판매	남들과는 다른 자신을 표현하고 싶은 20~30대 여성	오프라인 매장의 경우 유동인구가 많지 않고, 재고가 많아 수익성이 높지 않음	인터넷쇼핑몰을 통해 개인별로 코디된 상품을 추천해 주는 서비스

CARD

Chapter 3

창업아이템 시장조사

1. 창업아이템 시장조사 필요성
2. 아이템 선정을 위한 시장조사방법
3. 최종 창업아이템 선정

Chapter 3

창업아이템 시장조사

1. 창업아이템 시장조사 필요성

1) 말보다는 행동이 필요하다

다양한 관점에서 창업아이디어를 찾아보았다면 이것을 검증해 보아야 한다. 허공 속에 그린 실험실 수준의 아이디어로는 한 걸음도 앞으로 나아갈 수 없다. 말보다는 행동이, 행동보다는 결과가 신뢰를 만든다. 아이디어를 실현시키기 전까지는 그냥 아이디어일 뿐이다. 스티브 잡스(S. Jobs)는 〈The Lost Interview〉에서 이렇게 말했다.

“훌륭한 아이디어가 훌륭한 제품으로 이어지는 데는 엄청난 양의 장인적인 노력이 포함되며, 그 훌륭한 아이디어를 전개시키는 과정에서 아이디어 자체도 변화되고 성장한다. 처음 떠오른 아이디어는 그대로 구현되지 않는다. 아이디어 구현과정에서 더 많은 것을 배우게 되고 동시에 포기해야 하는 것이 수백 가지는 생긴다. 제품을 개발한다는 것은 이런 모든 문제와 부딪히면서 원하는 과정에 도달할 때까지 5,000가지 개념들을 계속 새롭고 다른 방식으로 끼워 맞추는 과정이다.”

2) 경쟁상품 검색과 조사

미국의 경제학자 시어도어 레빗(T. Levitt)은 "똑같은 상품은 존재하지 않는다. 모든 제품과 서비스마다 차이점이 있다."라고 했다. 기업마다 목표로 하는 고객집단이 다르고 문제를 해결하는 방식도 모두 다르다. 창업아이디어를 구상할 때 유사 경쟁상품을 찾아보는 것만으로도 시장과 고객의 특성을 이해할 수 있다. 그 과정에서 틈새가 발견되고 어떻게 차별화할 것인지를 찾을 수 있다. 사업을 구상할 때 가장 먼저 해야 할 일은 경쟁상품의 검색과 조사다.

창업아이디어를 구체적으로 실현하기 위한 첫 번째 과정이 검색이다. 사업계획서를 작성하고, 사무실을 계약하며, 회사를 설립하고, 직원을 채용한 후 시제품을 만들어서 제품을 판매하려고 하면 이미 같은 제품을 다른 회사가 판매하고 있다는 것을 알게 된다.

"경쟁자가 없다", "지금까지 이런 서비스는 없었다", "나는 다를 것이다"와 같은 자기 함정에 빠지지 말아야 한다. 검색포털 사이트에서 몇 개의 키워드와 몇 번의 검색만으로도 시간과 비용을 절약할 수 있다.

3) 해당 업종의 체험 또는 경영자와 면담

머릿속의 생각과 현실은 다르다. 조용한 카페에서 커피 내리는 모습이 낭만적으로 보일지 모르지만, 1주일만 체험해 보면 얼마다 고되고 힘든 일인지를 알게 된다. 해당 업종을 직접 체험해 보거나 오랫동안 해당 분야에서 일해온 사람과의 대화만큼 소중한 것은 없다.

2. 아이템 선정을 위한 시장조사방법

1) 1단계: 시장의 흐름을 파악

시장 흐름을 파악하기 위해서는 해당 분야의 종사자를 직접 만나보는 것이 필요하다. 인터넷 검색만으로 시장의 흐름과 소비자의 요구사항을 파악해 낼 수 없다. 동대문시장, 남대문시장, 대형 할인마트, 백화점 등의 오프라인과 함께 홈쇼핑에서 판매되는 상품을 점검한다. 이후 검색엔진과 통계청 자료 등을 추가로 탐색하면서 시장 흐름을 파악한다. (실습 3-1)과 같이 시장흐름에 대한 의견을 적어서 관계자와 커뮤니케이션하는 것이 필요하다.

실습 3-1 전체적인 시장 흐름

예시: 해외직구서비스 시장 흐름 의견	• 소비자들이 배송 대행, 구매 대행에 대한 정보를 다양하게 접하게 되면서 시장이 성장하고 있음. 초기에 블로그, 카페 위주로 성장하였으나 최근에는 대자본 중심으로 성장하고 있음 • 해외직구서비스 간 차별성이 비슷해지면서 소비자에게 쿠폰 등의 혜택을 제공하거나, 마케팅 활동을 강화하여 고객을 유입시키는 것이 중요해지고 있음

시장 흐름에 대한 의견	

2) 2단계: 상품(서비스)의 특성 파악

하나의 상품에는 다양한 특성이 있다. 제품의 라이프 사이클에 따라 도입기, 성장기, 성숙기, 쇠퇴기에 놓여 있기도 하고, 계절의 영향을 받기도 하며, 유행에 따라 판매 여부가 결정되기도 한다. 판매하고자 하는 제품이 어떤 특성을 가지고 있는지 다양한 각도에서 점검해 보아야 한다.

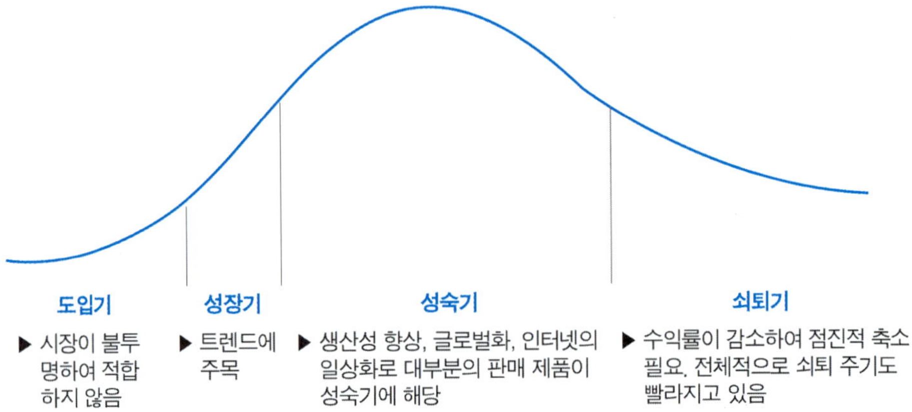

[그림 3-1] 제품의 라이프 사이클

3) 3단계: 목표로 하는 소비자 조사

소비자 조사는 누가(목표 고객), 무엇을(구매 대상), 왜(구매 동기), 어디서(유통 경로), 언제(구매 시기), 어떻게(구매 조건) 구매하는지를 '6하 원칙'에 의해 확인해 볼 수 있다. 〈표 3-1〉을 참조해서 목표로 하는 소비자에 관해 기술해 보자(실습 3-2).

〈표 3-1〉 목표 소비자 조사방법

구분		내용
누가 (who)	누구에게 판매할 것인가?	창업기업은 시간과 자원의 제약성으로 모든 고객에게 판매할 수 없다. 전체시장 중 목표로 하는 고객이 누구인지 확인해 본다.
무엇을 (what)	무엇을 구매하는가?	소비자는 자신이 선호하는 브랜드, 회사, 평균 구매가격 등을 가지고 있다. 소비자가 무엇을 구매하는지 확인해 본다.
왜 (why)	왜 구매하는가?	소비자가 우리 제품을 구입해야만 하는 이유가 있다. 가격, 브랜드, 품질, 편리성 등 소비자 구매욕구를 확인해 본다.
어디서 (where)	상품의 유통경로는 어떠한가?	백화점에서 구매하는 상품이 있고, 인터넷쇼핑몰에서 구매하는 상품이 있다. 해당 상품의 유통경로를 확인해 본다.
언제 (when)	언제 구입할 것인가?	자주 구매가 발생하는 일상용품인지, 특별한 날에 구매하는 제품인지 등 소비자가 언제, 어느 시기, 어떤 경우에 구입하는지 확인해 본다.
어떻게 (how)	구매조건은 무엇인가?	할인행사, 포인트 제공, 사은품 제공, 할부, 1+1 등 제품을 구매할 때 구매조건은 어떻게 되는지 확인해 본다.

실습 3-2 목표 소비자 조사

구분		내용
누가 (who)	누구에게 판매할 것인가?	
무엇을 (what)	무엇을 구매하는가?	
왜 (why)	왜 구매하는가?	
어디서 (where)	상품의 유통경로는 어떠한가?	
언제 (when)	언제 구입할 것인가?	
어떻게 (how)	구매조건은 무엇인가?	

4) 4단계: 경쟁자 조사

경쟁상대는 온 · 오프라인을 모두 포함한다. 온라인상의 경쟁상대는 네이버, 구글 등의 검색엔진을 활용하여 찾아볼 수 있다. 오프라인은 온라인 검색을 기초로 해서 직접 발품을 팔아야 한다. 같은 제품이라도 온라인과 오프라인상의 느낌이 다를 수 있으므로 꼼꼼히 살펴보는 것이 중요하다. 〈표 3-2〉는 해외직구 쇼핑몰을 준비하는 창업자가 분석한 경쟁자 분석 내용이다. 이를 참조하여 경쟁자를 분석해보자(실습 3-3).

〈표 3-2〉 경쟁자 분석 예시

구분		특징	강점	약점
해당시장 내 경쟁자	몰테일	배송 대행 1위 업체로 소비자 신뢰도가 높음 자가창고를 보유하고 있으며, 자체적으로 쇼핑몰을 구축하여 운영하고 있음	국내 반입 절차 완료→항공운송→세관 통관→국내 배송으로 이어지는 원스톱 서비스를 제공	전화 응대 등 고객 CS에 대한 소비자 불만이 많음
	아이포터	iMBC에서 운영 중인 해외직구 2위 업체로 마케팅에 강점이 있음	자가창고를 보유하고 있으며, 구매 대행을 함께 운영하고 있음. 고정적인 물량 확보	광고비 지출 비중이 높아 매출액 대비 수익은 낮은 상태
유사시장 경쟁자(대체제 포함)	개인 블로그	개인이 직구 관련 정보를 제공하면서 '공동구매' 형태로 블로그에서 구매 대행, 배송 대행을 진행하고 있음	파워 블로거와 이웃 친구 수에 따라 고정적으로 공동구매 진행이 가능	네이버의 정책에 따라 노출 및 판매량 등락이 크며, 네이버 집중도가 높음
	개인 카페	일정 관심사가 비슷한 사람들에게 관련 정보를 제공하면서 공동구매 형태로 상품판매	일정 수준의 회원 수를 보유한 카페의 경우 별도의 마케팅 비용 없이 유지 가능	페이스북, 밴드 등 유사 친목서비스가 증가하면서 회원 수 정체 중임
	해외 현지 거주	현지(미국, 일본 등) 트렌드나 할인정보에 대한 빠른 정보 습득이 가능	가장 빠른 정보와 가장 저렴한 가격에 상품 제공 가능	마케팅의 한계가 있음 책임보상 및 배송비 비쌈(개인 의뢰, EMS 등)

실습 3-3 경쟁자 조사

구분		특징	강점	약점
경쟁자	A사			
	B사			
	C사			

5) 5단계: 수요예측

수요예측은 거시경제 상황의 급변, 소비 트렌드의 변화, 대체기술의 부상 등 불확실한 경영환경의 중요성이 더욱 강조되고 있다. 부적절한 수요예측은 과잉투자나 기회손실 등 금전적인 문제뿐만 아니라 새로운 경쟁자의 부상 등 심각한 문제를 초래할 수 있다.

수요예측은 시장조사 등 각종 예측조사 결과를 종합하여 결정된다. 이를 뒷받침할 수 있는 통계자료 및 연구보고서를 참조한다면 기본적인 수요예측을 해 볼 수 있다. 수요예측기법은 정성적 방법, 정량적 방법, 시스템 방법이 있다. 다양한 예측기법의 특성을 이해하고 상황에 맞는 방법을 찾는 것이 필요하다. 이를 위해서는 많은 자원이 필요하며 최고경영진의 관심이 중요하다.

이상의 단계를 정리하면 〈표 3-3〉과 같다.

〈표 3-3〉 아이템 선정을 위한 시장조사방법

단계		내용
1단계	시장 흐름을 파악	오프라인에서는 도매시장, 유통업자, 홈쇼핑 등을 온라인에서는 검색포털 사이트, 통계청, 정부 기관 자료 등을 조사한다.
2단계	상품 특성 파악	상품이 성장기에 있는지, 성숙기에 있는지 라이프 사이클을 점검하고, 기술적(특허 등) 진입장벽이 있는지 등을 조사한다.
3단계	목표 소비자 조사	소비자 조사는 '누가(목표 고객), 무엇을(구매 대상), 왜(구매 동기), 어디서(유통 경로), 언제(구매 시기), 어떻게(구매 조건)'를 중심으로 조사한다.
4단계	경쟁자(산업 내, 대체제) 조사	온·오프라인에서 같은 산업 내에 있는 경쟁자를 기본으로 해서 소비자 관점에서 대체제까지 조사한다.
5단계	수요예측	해당 상품의 시장규모는 어떠한지, 향후 계속해서 성장할 시장인지, 수익성은 충분한지 등을 조사한다.

3. 최종 창업아이템 선정

1) 매력도 분석을 통한 최종 아이템 선정

시간과 비용의 한계 때문에 창업기업은 모든 시장을 공략할 수 없다. 시장과 고객에 대한 기본적인 이해를 바탕으로 목표로 하는 최종 시장을 선정한다. 이때 사업의 매력도를 5점으로 환산해서 결정할 수 있다. 예를 들어, 시장 성장성이 낮으면 1점을 주고, 성장성이 높으면 5점을 주는 것이다. 시장의 매력도 산정은 해당 창업기업 입장에서 바라보는 것이 중요하다. 해당 창업기업이 바라보기에 매력적이라면 5점을 주고, 매력적이지 않다면 1점을 주는 방식으로 총합이 가장 높은 시장을 공략한다. 〈표 3-4〉는 해외직구 사업을 준비했던 창업기업이 목표시장을 선정하기 위해 매력도를 분석한 것이다. 이를 참조하여 목표로 하는 최종 시장을 선정해 보자(실습 3-4).

〈표 3-4〉 매력도 분석을 통한 최종 아이템 선정

구분	시장 성장성	고객 충성도	고객 협상력	경쟁 강도	위협 정도	대체 정도	실행 가능성
구매 대행 (링크 제공방식)	3	3	3	3	3	3	5
구매 대행 (사입을 통한 쇼핑몰 운영)	4	3	3	3	3	3	4
배송 대행(배송 대행지 등 관련 서비스)	5	4	3	3	3	4	5
판매 대행 (국내 상품 판매 대행 등)	4	4	4	3	3	3	2
콘텐츠 제공을 통한 플랫폼 중계	4	4	4	3	3	3	2

실습 3-4 매력도 분석을 통한 최종 아이템 선정

구분	시장 성장성	고객 충성도	고객 협상력	경쟁 강도	위협 정도	대체 정도	실행 가능성
아이디어 1							
아이디어 2							
아이디어 3							
아이디어 4							

2) 목표 고객 그려보기

창업아이디어를 구체화하기 위해서는 고객을 명확하게 하는 것이 중요하다. 특정한 고객의 특정한 문제를 해결하는 것이 사업의 본질이다. 전국에 있는 모든 미용실의 정보를 모아놓는다고 사람들의 문제를 해결할 수 있는 것이 아니다. 또한, 인공지능(AI)과 같은 알고리즘이 모든 사람의 취향을 맞춰줄 수 있는 것도 아니다. 이러한 접근은 모두 허상이다. 고객을 구체적으로 정의하고, 특정한 문제를 중심으로 접근했을 때 창업아이템을 실현할 수 있다.

숲을 그린 그림에는 나무가 살지도 않고 새도 날아오지 않는다. 이끼도 끼지 않고 동물들도 모이지 않는다. 숲을 만들고 싶다면 숲의 모습을 상상하지 말고 삽을 들고 땅을 파고 나무 한 그루를 심고 물을 주는 일을 해야 한다. 살아 있는 숲을 만드는 길은 살아 있는 나무 한 그루, 땅 한 뼘을 만드는 것에서 시작한다. 절대로 숲과 같이 큰 단위의 일을 도모하는 것으로부터 숲이 형성되지 않는다.[1)]

사람들은 다르다. 특정한 사람들이 가진 문제가 서로 다르다는 사실을 이해하고 창업아이디어 사업화를 진행해야 한다. 이를 위한 방법으로 고객을 구체적으로 그려보는 방법이 있다. 〈표 3-5〉의 사례를 참조하여 고객을 구체적으로 그려보자(실습 3-5).

〈표 3-5〉 목표 고객 그려보기

구분	내용
성별	여자
나이	30대 초반/미혼
수입	월 300만 원
거주지	서울
욕구, 동기	성취욕, 모방심리, 친구/회사 동료 등 비교 대상에 의한 동기 부여
걱정, 두려움	독립/결혼
롤 모델, 영웅	연예인, 유명인사
여가, 외식 스타일	퇴근 후 건강관리(필라테스), 주말 친구들과의 브런치
선호하는 매체, 사이트, TV 프로그램	SNS(페이스북/인스타그램) 등 포스팅 사이트
구매 의사결정 기준(비용, 체면, 모방)	디자인, 경력
개성, 독창성	희소성(과시)
살아온 이야기(경력)	서울 지역에서 4년제 대학을 졸업한 후 2번의 이직 경험

실습 3-5 목표 고객 그려보기

구분	내용
성별	
나이	
수입	
거주지	
욕구, 동기	
걱정, 두려움	
롤 모델, 영웅	
여가, 외식 스타일	
선호하는 매체, 사이트, TV 프로그램	
구매 의사결정 기준 (비용, 체면, 모방)	
개성, 독창성	
살아온 이야기(경력)	

CARD

Chapter 4

창업환경 분석

1. 환경 분석의 정의
2. 내부 환경 분석
3. 외부 환경 분석

Chapter 4

창업환경 분석

1. 환경 분석의 정의

창업환경이란 창업을 준비하고 사업을 시작하는 데 있어 창업기업이나 그 기업에서 영위하는 사업에 영향을 미치는 경영환경, 즉 기업의 내부와 외부의 사업환경을 말한다. 각종 법적 규제의 철폐, 완화 또는 신설 등에 따라 기업 경영 활동의 환경은 수시로 변화되고 소비자의 제품이나 서비스에 대한 선호도도 수시로 변화가 일어나기 마련이다. 이러한 많은 변화에 능동적으로 대처하기 위해서는 기업이 가지고 있는 고유의 역량(내부 환경)을 정확히 알고 현재 시장의 변화추이(외부 환경)를 정확하게 파악할 수 있는 능력이 필수적으로 요구된다.

창업환경에 대한 분석, 즉 환경 분석이 중요한 이유는 첫째, 시장위협의 발생을 사전에 감지하여 위험을 회피할 수 있기 때문이다. 예로 2000년대 후반 경유가격이 급격하게 인상되면서 급성장하던 SUV 자동차 시장의 매출이 감소하게 되었다가 2010년 초반 클린디젤 보급 및 아웃도어 활동의 증가 등으로 다시 SUV 자동차 시장이 활성화되었다. 그리고 2016년에 들어 미세먼지 등의 환경오염 이슈와 전기자동차의 등장, 2022년 우크라이나와 러시아 간의 전쟁에 의한 경유가격 폭등으로 인해 다시 SUV 자동차의 인기가 감소되는 변화가 있었다. 이러한 사례로 볼 때, 경유가격의 변동, 미세먼지 등의 환경문제, 전기자동차 등 대체제의 등장이 SUV 자동차 시장에 큰 위협요소로 작용한 것을 알 수 있으며, 이러한 위협요소에 대한 내용을 환경 분석을 통해 사전에 감지할 수 있다면 시장에 발생할 수 있는 위험을 회피하거나 최소화할 기회를 찾을 수 있을 것이다.

둘째, 시장확대의 기회를 찾을 수 있다는 것이다. 앞선 SUV 자동차 시장의 사례를 통해 아웃도어 활동의 증가라는 소비자의 트렌드의 변화를 미리 알아낼 수 있다면, 그리고 그러한 변화에 맞는 사업을 준비할 수 있다면, 동 시장에서 높은 경영성과를 올릴 수 있는 기회를 확보할 수 있을 것이다.

대부분의 경영환경은 앞서 언급한 법적 규제와 같이 기업이 스스로 통제할 수 없는 조건을 포함하고 있으며, 이러한 경영환경은 세 가지의 특징을 가지고 있다.

첫째, 동태성이다. 시간의 지남에 따라 고객의 선호도, 정부의 정책, 경쟁사의 출현 여부 및 경쟁의 강도, 대체제의 등장, 내부 역량의 성장 또는 쇠퇴 등이 수시로 변화한다. 이러한 동태성 때문에 창업자 또는 창업기업은 반복적이고 지속적인 환경 분석과 진단이 필요하다.

둘째, 독특성이다. 동일한 시장에 동일한 재화나 서비스를 제공하는 경쟁 기업간에도 외부 환경이 똑같지 않다. 각 기업마다 내부적으로 보유한 인적, 재무적, 기술적 역량이 달라서 외부 환경에 대한 위험을 받아들이는 정도가 다르기 때문이다. 따라서 외부 환경에 대한 분석은 내부 환경에 대한 분석이 정확하게 이루어졌을 때 좀 더 정밀한 분석이 가능해지고 자기 기업에 맞는 환경 분석이 이루어질 수 있다.

셋째, 상호작용성이다. 일반적으로 각각의 기업은 외부 환경을 통제할 수 없으나, 협회나 조합 등의 이익단체를 통하거나 사회분위기의 변화를 활용하여 외부 환경변화에 영향을 줄 수도 있다.

정리하자면, 창업환경 분석이란 창업자가 창업아이템을 선정하고 사업을 구체화시키는 과정에 있어 해당 아이템이 창업기업의 가지고 있는 내부 역량과 외부 환경의 상황에 적합한 것인지를 파악하고 부족한 부분이 있는 경우, 이를 극복할 수 있는 대안을 미리 마련하여 사업의 실패할 확률을 줄여나가는 작업이라고 볼 수 있다. 반대로, 환경 분석의 결과가 지금 사업하기에 최적의 기회라고 판단되었다면 이러한 기회를 적극 활용하여 수익을 극대화하는 전략을 기획하는 작업이 될 수도 있다. 창업환경 분석은 창업아이템, 창업 업종, 사업의 규모와 상관없이 창업자에게는 창업을 준비함에 있어 필수적으로 수행되어야 하는 중요한 창업 프로세스로 볼 수 있으며, 크게 내부 환경 분석과 외부 환경 분석으로 나누어 수행하게 된다.

(실습 4-1)의 내용을 모두 채우기 위해서는 다양한 방법을 통해 정보를 확보해야 할 것이다. 인터넷을 활용할 수도 있으며, 신문 기사나 뉴스 스크랩을 검색할 수도 있고, 관련 잡지나 보고서 등을 참고할 수도 있었을 것이다. 환경 분석을 위해서는 이러한 정보검색 능력이 무엇보다 중요하다고 할 수 있으며, 이러한 정보는 양적인 부분보다는 질적으로 정확하고 최신의 자료를 확보하는 것이 관건이라고 할 수 있다. 정보 분석의 핵심은 주위에서 다양하게 확인할 수 있는 기업환경에 대한 정보가 주는 진정한 의미를 찾아내야 하는 것이다.

실습 4-1 환경 변화의 사례 알아보기

- **목적**: 급격한 시장변화가 산업에 긍정 또는 부정적인 영향을 미친 사례를 알아본다.
- **진행방법**: 자료조사를 통해 다음 질문 상황에 맞는 사례를 찾아 적는다.

사례	자신의 대답
1. 국내 또는 국제 규제에 따라 특정 산업이 사라지거나 위축된 경우	Ex) EU에서 발표한 특정위험물질사용제한지침에 따라 2008년부터 모든 전기·전자제품의 생산공정에 납, 수은, 카드뮴 등의 중금속 사용이 전면 금지됨. 이에 따라 기존의 납땜방식의 가전제품을 생산할 수 없게 되었음
2. 소비자의 트렌드 변화 또는 신제품의 출시에 따라 특정 산업이 사라지거나 위축된 경우	Ex) 스마트폰의 출시 및 확산에 따라 기존에 소형 가전제품이었던 디지털 카메라 시장은 DSLR 등의 하이엔드급 카메라 시장으로 제품 포지셔닝이 바뀌게 되었으며 MP3 기기는 시장에서 거의 사라짐
3. 국내 또는 국제 규제에 따라 특정 산업이 호황을 누리게 된 경우	Ex) 태양광 발전 사업의 정부지원 시책발표에 따라 태양광 관련 산업이 호황을 누리게 됨
4. 소비자의 트렌드 변화 또는 신제품의 출시에 따라 특정 산업이 호황을 누리게 된 경우	Ex) 웰빙에 대한 소비자 선호도가 올라감에 따라 유기농 제품에 대한 수요가 높아지게 되었음

2. 내부 환경 분석

기업의 내부 환경이란 창업자가 기업을 설립하여 운영함에 있어 현 사업을 영위하기 위해 필요한 자원의 보유 여부 및 정성적, 정량적 보유량, 그리고 향후 특정 기간 내에 확보할 수 있는지의 가능성을 말한다. 간단히 말해 사업을 위해 창업자 또는 창업기업이 가지고 있는 유무형 자원의 보유 정도라고 정의할 수 있다. 1인 기업이 전 세계를 대상으로 1조 원의 매출을 1년 안에 달성하겠다는 사업계획을 근거없이 세운다면 어떤 투자자도 믿지 않을 것이다. 왜냐하면 1인 기업이 보유할 수 있는 내부 역량이 한정되기 때문에 단기에 높은 매출을 올리기 어렵다는 것을 알기 때문이다. 창업자 본인이 스스로 보유하고 있는 유무형 자원의 양을 정확히 알 수 있을 때 보다 정밀한 사업계획을 수립할 수 있을 것이다. 본 절에서는 내부 환경의 요소와 각 요소의 분석방법을 설명할 것이다.

1) 재무적 자원

재무적 자원은 창업에 필요한 자금과 6개월에서 1년 사이의 단기간 기업을 운영할 자금을 동원할 수 있는 능력을 말한다. 재무적 자원의 종류로는 현금, 주식, 차입금 등을 들 수 있다. 창업자는 회사의 종류(주식회사, 개인기업 등)에 따라 필요한 법인 설립 자금이 필요하며, 1인 기업이 아닌 2인 이상의 부하직원을 사용해야 하는 경우에는 인건비가 필요할 수 있다. 또한 사무실 또는 공장, 상점 등 사업의 성격에 맞는 업무 공간을 구축하기 위한 자금도 필요하며, 외부와 연락을 위한 인터넷, 전화기 등 통신 장비 구입비, 사무용품비 등 다양한 자금이 초기에 필요하게 된다. 이러한 자금은 단순히 창업에 필요한 자금만 고려해야 할 것이 아니라 수익이 발생하기 전까지의 기간, 최소 6개월에서 1년간 운영할 수 있는 자금을 포함하여 자금의 규모를 추산하고 확정지어야 한다.

창업자는 본인의 초기 사업규모를 고려하여 창업에 필요한 자금의 규모를 우선 산정하여야 하며, 앞서 언급한 재무적 자원을 활용하여 자금을 마련해야 한다.

현금은 창업자 본인이 가지고 있는 현금을 말한다. 사업적 역량이 뛰어나거나 좋은 사업아이템을 가지고 있어 초기부터 외부투자를 받는 경우가 아닌 경우 대부분 창업 초기에는 창업자 본인의 자금 또는 지인으로부터 융통한 자금을 활용하게 된다. 수익이 발생하기 전까지의 총 자금의 규모가 부족하다고 판단되는 경우 창업자는 초기 사업규모를 축소하거나 외부자금을 유입하여 자금의 규모를 충족시키는 방법을 택해야 한다. 사업의 규모를 축소할 경우 자금의 소모가 적어지기 때문에 경제적으로 보일 수 있으나 필요한 경영활동을 할 수 없는 경우가 발생할 수 있으므로 오히려 사업이 성장하는 데 지장을 줄 수 있음을 염두에 두어야 한다.

외부자금을 유입할 경우는 주식회사 형식의 법인을 만들어 주식을 발행하는 방법과 사채나 대출 등을 통해 자금을 차입하는 방식을 들 수 있다. 주식을 발행하는 방법의 경우 외부 투자자로부터 자금에 상응하는 금액을 회사의 주식으로 교환해 주는 것으로 사업의 종류, 규모, 투자자와의 관계, 계약내용에 따라 주식과 투자금에 대한 교환 비율이 바뀐다. 차입의 경우 창업자 개인의 신용이나 보유 자산을 담보로 금융기관 등으로부터 자금을 차입하는 경우를 말한다. 마지막으로 창업이나 기업지원 관련 기관들에서 제공해 주는 다양한 지원사업을 활용하는 방법이 있다. 중앙정부나 지방자치단체에서는 다양한 산하 기업지원기관을 운영하고 있으며, 이를 통해 다양한 기업활동과 관련된 지원사업을 실시하고 있다. 기업지원사업은 매우 다양하고(고용, R&D, 사무공간, 디자인, 시제품 제작, 마케팅, 특허 등) 기업초기부터 성장단계까지 자신의 기업의 환경에 맞는 지원사업을 활용할 수 있다. 이를 적절히 활용하게 된다면 특히 기업 초반에는 매우 유용할 수 있다. 여러 가지 재무적 자원은 이후에 설명될 다른 내부자원의 근원이 되는 것으로 창업초기부터 철저한 분석이 필요하다.

실습 4-2 재무적 자원 분석

- **목적**: 자신이 생각하는 창업아이템에 대한 창업부터 1년간 소요될 자금을 분석한다.
- **진행방법**: 필요 자금의 산정 및 현재 가용 자금 계산, 부족 자금의 확보방안을 정리한다.

No.	금액	자금의 활용 용도	현재 가용 금액 및 부족분 마련 방안
1			
2			
3			
4			
5			
계			
기타 재무적 자원 확보상의 돌발 상황에 대한 예측 및 대응방안			

2) 인적 자원

"인사(人事)가 만사(萬事)"라는 말이 있다. 창업을 진행하는 데 있어 1인 창업의 경우에는 크게 영향이 없지만 2인 이상의 조직을 구성하여 사업을 시작하려는 경우에는 효과적인 인적 자원을 구성하는 것이 매우 중요하다. 앞 절에서 언급한 재무적 자원이 충분한 경우에는 사업에 필요한 다양한 인재를 영입하여 여유롭게 창업을 진행할 수 있지만 현실적으로 그러한 상황은 많지 않으므로 꼭 필요한 인력을 확보하기 위해 노력해야 하며, 창업자는 자신의 사업을 성장시키기 위해 필요한 인력의 채용 분야, 인원수를 분석하고 현재 그러한 인력을 보유하고 있는지, 없는 경우 어떻게 확보할 계획인지에 대한 구체적인 실행방안이 마련되어야 한다.

인적 자원을 분석하기 위해서는 인력의 종류를 라인과 스텝, 전문가 및 관리자, 종업원 등으로 구분하여 창업자의 사업아이템에 꼭 필요한 인력의 확보 유무를 확인해야 한다. 또한, 창업 초기의 경우에는 급여수준을 높게 책정하기 어려운 경우가 많으므로 창업자가 지불할 수 있는 임금수준을 고려하여 인력 수급 계획을 수립해야 한다.

3) 실물 자원

실물 자원은 창업자가 사업을 영위하기 위한 유형 자원을 말하는 것으로 건물, 시설, 장비, 원재료 등의 예를 들 수 있다. 이러한 실물 자원은 재무적 자원을 통해 구입 및 확보가 대부분 가능하지만, 기술 창업의 경우 재무적 자원으로 확보가 어려운 경우도 있다. 일례로, 특수 설비의 경우 단순히 구입할 수 있는 경우보다 다른 기업에 주문제작 또는 신규 개발을 의뢰해야 하는 경우이다.

창업자는 창업계획을 수립함에 있어 재무적 자원을 기반으로 사업을 시작하기 적당한 공간을 확보하고 있는지 또는 확보할 수 있는지, 시설이나 장비를 보유하고 있는지 또는 효율적으로 적시에 확보할 수 있는지, 원재료를 조달할 능력을 자체적으로 가지고 있는지를 꼼꼼히 확인하여야 한다.

4) 조직적 자원

조직적 자원은 창업자가 사업을 운영하기 위해 조직 내에서 필요한 정보시스템, 품질관리 프로세스, 교육훈련 체계, 기업문화, 기업가정신, 조직구조 등의 제반 여건을 말한다. 재무적 자원을 통해 인적 자원과 실물 자원을 확보하더라도 창업 이후 사업을 순조롭게 운영하기 위해서는 시스템적인 지원이 후행되어야 한다. 창업 이후에 이러한 시스템적 지원이 이루어질 수도 있지만 몇몇의 경우에는 창업 이전에 제반 여건이 마련되어야 하는 경우도 있다.

정보시스템의 경우 ERP(Enterprise Resource Planning, 전사적 자원관리), SCM (Supply Chain Management, 공급망 관리), CRM(Customer Relationship Management, 고객관계관리) 등 다양한 경영지원 시스템이 있으며 창업자의 사업특성에 따라 적합한 정보시스템을 구축하여야 하며, 품질관리 프로세스의 경우 제조업 위주의 창업자에게 중요한 요소로 받아들여질 수 있다. 교육훈련 체계의 경우 인적 자원의 역량이 중요한 사업의 경우 선행적으로 고려되어야 한다. 기업문화의 경우 사업의 위험 정도와 의사결정의 피드백 속도에 따라 위험극복의 능력과 강인함이 요구되는 터프가이형, 팀워크가 중요시되며 판매회사에서 주로 선호하는 활동 지향형, 사업의 성격이 장기적이고 대규모 투자가 이루어지는 조직에서 신중하고 정확한 의사결정이 요구되는 모험형, 사업의 결과보다 사업이 이루어지는 방식에 관심을 기울이는 신중하고 방어적인 절차 중심형 등으로 구분된다.[1)]

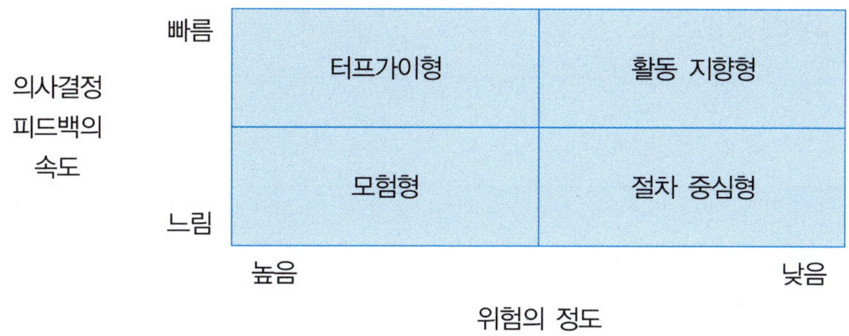

[그림 4-1] 기업문화의 유형

실습 4-3 인적 자원, 실물 자원, 조직적 자원 분석

- **목적**: 인적 자원, 실물 자원, 조직적 자원에 대한 분석을 실시한다.
- **진행방법**: 각 자원의 현재 보유 상황 및 미확보 자원에 대한 확보 방안을 마련해 본다.

No.	자원 구분	활용 용도	현재 가용 여부 및 부족분 마련 방안
1	인적 자원		
2			
3			
4	실물 자원		
5			
6			
7	조직적 자원		
8			
9			
기타 각 자원 확보상의 돌발 상황에 대한 예측 및 대응방안			

5) 기술적 자원

기술적 자원은 창업자 또는 창업기업이 보유하고 있는 기술의 역량을 말한다. 기술의 역량이란 사업을 영위하는 데 필요한 기술적 요소를 모두 확보하고 있는지를 뜻하는 것으로 사업아이템이 복잡할수록 다양한 기술이 필요할 수 있다. 또한 이러한 기술은 대부분 지식재산(Intellectual Property: IP)으로 분류되어 기업의 중요한 자산의 일부가 되기도 한다. 지식재산은 기술을 포함하여 상표, 실용신안, 디자인 등 다양한 종류가 존재하고 있다.

단순히 사업화 가능성을 알아보는 초기 단계에서는 필요한 요소기술에 대한 타인의 지식재산권 보유 여부를 중요하게 생각하지 않는 경향이 있으나, 사업을 시작하려는 경우에는 반드시 자신의 사업아이템이 타인의 지식재산을 침범하지 않는지 필수적으로 확인해야 한다. 지식재산의 공개 여부는 특허청에서 운영하는 특허정보검색서비스(www.kispris.or.kr)를 통해 국내의 모든 특허 정보를 무료로 확인할 수 있으며, 만일 자신의 창업아이템에 타인의 지식재산이 저촉되는 경우에는 이를 우회하거나 회피할 수 있는 전략을 마련해야 한다.

기술적 자원의 분석에서 또 하나의 중요한 고려사항은 재화나 서비스의 신뢰성이다. 제조업의 경우 초기 아이템의 불량률이 높아 고객의 신뢰를 잃게 되는 경우, 그 사업은 제대로 진행하기도 전에 사장되는 경우가 발생할 수 있다. 일례로, 고압 콘덴서를 개발하던 대전의 유망 벤처기업이었던 A사는 대기업과 계약을 성사시키고도 제품의 초기 신뢰성 확보 실패로 인해 사업을 접어야 했다.

또한, 창업 초기에 지식재산권이 필요한 이유를 추가하면 기업의 신뢰성 확보를 들 수 있다. 초기 기업에 투자하거나 개발한 제품을 구매하기 위해서는 해당 기업이 초기 기업임을 인지하고 있더라도 향후 투자자 또는 구매자가 담보할 수 있는 신뢰성이 필요하게 된다. 이러한 측면에서 지식재산권은 창업기업이 신뢰성을 가질 수 있는 효과를 주기도 한다.

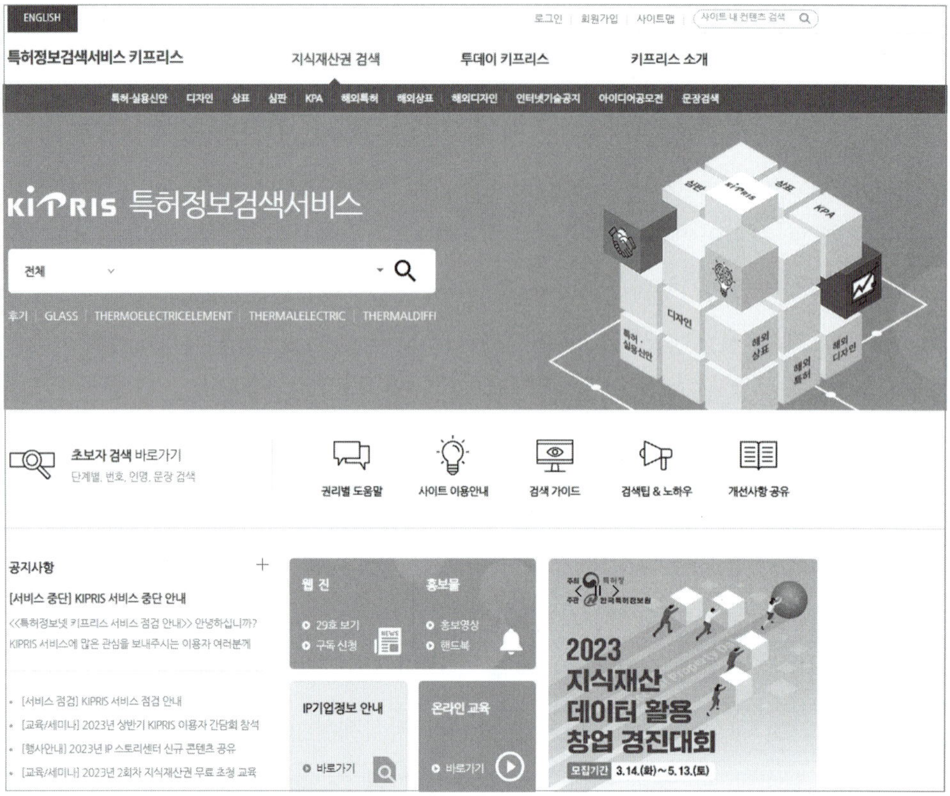

[그림 4-2] 특허정보검색서비스 키프리스 사이트(www.kipris.or.kr)

실습 4-4 기술적 자원 분석

- **목적**: 기술적 자원에 대한 분석을 실시한다.
- **진행방법**: 자원의 현재 보유 상황 및 미확보 자원에 대한 확보 방안을 마련해 본다.

No.	자원 구분	활용 용도 및 현재 수준	현재 확보 여부 및 부족분 마련 방안
1	지식재산권		
2			
3			
4	노하우		
5			
6			
7	기타 자원		
8			
9			
기타 각 자원 확보상의 돌발 상황에 대한 예측 및 대응방안			

3. 외부 환경 분석

외부 환경 분석을 위해 가장 먼저 고려해야 할 사항은 조사하고자 하는 분야에 대해 광범위한 조사보다 정보의 유용성에 입각하여 창업자의 사업에 직접적으로 연관이 있는 분야로 초점을 맞춰야 한다는 것이다.

다음으로는 지속적인 사업 영위를 위해 현재 트렌드보다 5년 이후의 사업환경을 예측할 수 있도록 미래 지향적인 자료를 수집해야 한다. 마지막으로 이렇게 수집된 자료가 창업자의 사업환경을 분석하는 데 직접적으로 활용될 수 있는 자료가 되도록 만들어야 한다. 이는 단순한 미래예측이 아닌 정확한 근거에 입각하여 산출된 자료를 활용해야 한다는 것이다. 이러한 고려사항에 맞춰 조사되고 분석된 외부 환경은 창업자가 추진하고자 하는 사업의 당위성을 부여해 줄 뿐만 아니라 내부 환경 분석 결과를 포함하여 SWOT 분석을 실시할 경우 정확한 사업 방향을 마련할 수 있다는 장점을 가질 수 있게 된다. 외부 환경은 크게 경제적 환경, 정부 및 법적 환경, 시장 및 경쟁 환경, 공급자 환경, 기술적 환경, 사회적 환경 및 기타 환경으로 나누어 분석할 수 있다.

1) 경제적 환경

일반적으로 경기는 국내·외를 막론하고 불황, 침체, 회복, 호황의 상황에 처한다. 이러한 경기는 물가, 환율, 금리, 주가 등에 영향을 주게 되며 창업자는 자신이 추진하는 사업에 영향을 주는 변수를 찾아내어 중점적으로 분석해야 한다. 예를 들어, 수출을 위주로 사업이 진행되는 경우에는 환율에 대한 현재 상황 및 향후 전망에 대한 자료를 수집해야 하며, 일반 소매를 계획하고 있는 경우에는 물가에 대한 정보를 수집해야 한다. 물가정보는 한국물가정보(www.kpi.or.kr) 등을 참고할 수 있으며, 환율, 금리 등의 자료는 각 은행의 웹사이트, 주가 정보는 각 증권사 웹사이트를 참고할 수 있다. 이러한 경제적 환경 분석을 통해 창업자는 창업 시기 및 보유하고 있는 자금의 사용 시기 등을 정할 수 있다.

2) 정부 및 법적 환경

아무리 좋은 사업아이템이라고 해도 정부 방침이나 법적 규제에 걸리는 경우, 사업에 큰 위협이 될 수 있다. 반대로 정부에서 적극적으로 육성하고자 하는 산업의 경우에는 커다란 기회요소로 작용하기도 한다. 창업자는 목표 사업이 정부의 시책과 어떠한 상관관계가 있는지 파악하고 기회요소를 포착하는 것이 중요하다. 이를 위해 정권의 변화 예측, 산업 육성 또는 규제 정책, 기존 제도의 변경사항 등에 대해 해당 부처 또는 관련 기관의 웹사이트 등을 통해 파악해야 한다.

일례로 건강기능식품을 개발·판매하기 위해 창업을 준비하던 한 창업가는 법적인 검토를 진행하지 않고, 자신이 졸업한 학교의 보육센터를 창업하는 기업의 본사로 정하고 창업과 동시에 법인등기부등본까지 발급받았다. 이후, 사업자등록증을 발급받기 위해 세무서를 방문했으나, 세무서에서는 건강기능식품 판매업으로 사업자등록증을 발급받기 위해서는 관할 구청에 방문하여 건강기능식품 판매업 허가를 받아와야 한다고 말하며 사업자등록증 발급을 보류하였다. 창업가는 다시 구청으로 가서 건강기능식품 판매업에 대한 허가를 신청하였으나, 식품의약안전청의 관련 법률에 의거하여 건강기능식품 판매업은 근린생활시설에만 본사 및 지점 입주가 가능하였고, 대학 보육센터는 근린생활시설이 아닌 교육시설로 분류되어 허가를 거부당하였다. 결국 창업가는 다시 본사 주소지를 찾기 위해 법인 설립을 지체하게 되었고, 당초 계획했던 시기보다 약 한 달 정도 늦게 법인을 설립할 수 있었다. 자신이 추진하고자 하는 사업의 법률적 검토를 실시하지 않은 결과로 사업이 늦어진 것이다.

3) 시장 및 경쟁 환경

시장 환경은 크게 시장 규모, 성장성, 수요 탄력성, 가격의 변동성, 제품 수명주기의 위치, 대체제의 위협 등을 들 수 있다.

(1) 시장 규모

시장 규모는 크게 국내 시장 규모와 해외 시장 규모로 나눌 수 있으며, 창업자는 사업 초기에 사업 규모를 판단하기 위한 국내 시장 규모와 거시적인 사업 규모를 판단하기 위한 해외 시장 규모를 모두 파악해야 한다. 시장 규모는 시장 조사기관의 보고서나 증권사에서 발행하는 산업 현황 자료를 참고할 수 있다.

(2) 성장성

사업의 현 위치와 향후 사업의 성장하는 정도를 파악하는 것이며, 성장성을 분석하기 위해 유용한 방법으로는 동종 업체의 매출 실적 또는 영업이익 증가율을 시계열로 조사하여 분석하는 것이다. 여기에 경기 및 해당 업종의 추세를 고려하여 종합적으로 판단할 수 있다.

(3) 수요 탄력성

구매자의 소득 수준이나 판매하고자 하는 아이템의 가격 변화에 따라 수요의 변화가 발생하게 되며, 적정 수요량을 산정하기 위해 창업자는 고객에게 제공하는 아이템의 적정한 수요량을 산정해야 한다. 예를 들어, 1회용 생필품의 경우 모든 사람이 수시로 사용하게 되므로 가격은 저렴하게 책정하고 생산량도 대량 생산 시스템을 준비해야 한다. 반대로 특정 소비자에게 한정적으로 제공되는 아이템의 경우 수요량이 적은 만큼 가격을 높게 책정할 수밖에 없다.

(4) 가격의 변동성

일반적인 생필품의 경우 저가품이라고 소비자가 인식하고 있어 가격에 영향을 주는 요인이 원재료 가격 외에 크게 작용하지 않는다. 그러나 사치품의 경우 문화적 가치, 소비

트렌드 등 가격에 영향을 주는 요인이 많아진다. 창업자는 가격에 영향을 주는 요인을 파악하고 이것들이 가격 변동에 얼마만큼 작용하는지 파악해야 한다.

(5) 제품 수명주기상의 위치

제품은 도입기, 성장기, 성숙기, 쇠퇴기라는 제품 수명주기(product life cycle)를 갖게 된다. 도입기의 경우 얼리어답터를 중심으로 시장이 형성되어 향후 시장의 성공 여부를 평가받게 되며 소수의 판매자만 존재하게 된다. 성장기의 경우에는 어느 정도 소비자에게 제품에 대한 인식이 확산되기 시작하며 다수의 경쟁자가 난립하여 경쟁하는 상황을 말한다. 성숙기의 경우 어느 정도 경쟁이 마무리되며 소비자에게 인정받은 소수의 제품이 시장을 독식하는 상황을 말하며, 쇠퇴기는 해당 제품이 대체제 등의 출현에 의해 시장에서 퇴출되고 있는 상황을 말한다. 창업자는 준비하고 있는 아이템이 제품 수명주기상에 어떤 위치에 있는지 파악하고 현 단계에서의 생존 전략과 다음 단계에 대한 준비를 해야 한다.

(6) 대체제의 위협

대체제는 현재 아이템보다 품질, 가격, 서비스, 부가기능 차원에서 더 나은 기능을 제공하는 신제품을 말하며, 이러한 대체제의 출현은 기존 사업에 커다란 위협이 될 수 있다. 예를 들어, 필름 카메라는 디지털 카메라의 출현으로 시장에서 사라졌으며, MP3 플레이어는 스마트폰의 출현으로 시장에서 사라지게 되었다. 창업자는 준비하고자 하는 아이템이 다른 기존 제품의 대체제 또는 대체 서비스인지 또는 향후 다른 제품이나 서비스가 출현할 위협이 있는지 조사하고 이에 대한 대응책을 마련해야 한다. 또한, 동종업계로 진입하려는 경쟁자가 출현할 위험도 존재하고 있어 신규 경쟁자에 대한 시장진입 여부도 파악해야 한다(실습 4-5).

실습 4-5 외부 환경 분석(1)

- **목적**: 경제적, 정부 및 법적, 시장 및 경쟁 환경에 대한 분석을 실시한다.
- **진행방법**: 각 환경에 대한 현 상황 및 향후 전망에 대해 기술해 본다.

No.	자원 구분	현 상황	향후 전망
1	경제적 환경		
2			
3			
4	정부 및 법적 환경		
5			
6			
7	시장 및 경쟁 환경		
8			
9			
기타 외부 환경에 영향을 줄 수 있는 요인			

4) 공급자 환경

창업 이후 사업을 영위하게 되면 모든 기업에서는 다른 공급자로부터 원재료를 공급받아야 한다. 원재료의 공급업자가 다수이고 완전 경쟁시장을 이루고 있는 경우에는 구매자가 다수의 공급자 중에서 자신의 편의에 의해 구매를 진행할 수 있으므로 구매자의 힘이 강해진다. 즉, 구매처가 다양하기 때문에 단가나 품질이 마음에 들지 않는 경우 또는 대체제가 존재하는 경우에는 언제든지 다른 공급자를 찾을 수 있다. 반대로 원재료의 공급자가 소수 또는 독점업체일 경우에는 공급자의 힘이 강해진다. 창업자는 본인이 판매하고자 하는 제품에 필요한 원재료의 특성을 파악하여 어떠한 공급자로부터 원재료를 수급받는 것이 유리할 것인지 판단하여 원재료 수급계획을 세워야 한다.

5) 기술적 환경

기술적 환경은 기존에 없었던 과학이나 기술의 발전으로 인해 새로운 제품이 탄생하거나 대체품이 출시될 가능성을 말한다. 기업은 이러한 기술적 환경 변화를 빠르게 파악해서 고객의 니즈(needs)를 적시에 충족시키는 것이 중요하다. 이러한 기술적 환경은 산업의 특성에 따라 빠르게 변화하거나 상대적으로 느리게 변하기도 하는데, 창업자가 기술 창업을 염두에 두고 있는 경우에는 자신의 기술 분야가 어느 산업에 속하는지 파악하고 기술의 발전 속도에 비추어 자신이 소유하고 있는 기술이 어느 위치에 있는지 알아야 한다. 예를 들어, IT 분야의 경우 기술의 변화 속도가 매우 빠른 반면에 BIO 분야의 경우 기술의 변화 속도가 느린 편에 속한다.

기술적 환경의 변화가 속도에만 좌지우지되는 것은 아니다. 기술 변화가 이루어졌을 때 그 파급력도 중요한 고려사항이다. 앞선 예를 비추어보면 IT 분야의 경우 신기술이 개발되는 경우 확산 속도가 매우 빠르다. 그러나 BIO 분야의 경우 신기술이 개발되더라도 인체에 적용되는 경우에는 안전성 확보의 이유 등으로 확산 속도가 느린 편이다. 또한, 아무리 좋은 기술이라고 하더라도 소비자가 중요하다고 생각하지 않는 기술의 경우 시장에서 외면당할 수도 있다는 점을 유념해야 한다. 1990년대 후반에 인터넷 폰이 처음 개발되었을 때 해외전화를 거의 무료로 사용할 수 있다는 점에서 초기에 각광받았지만 인터넷 속도가 인터넷 폰을 사용할 수 있을 만큼 빠르지 않아서 결국 소비자에게 외면당했다.

기술의 발전 방향을 예측하기는 매우 어려운 작업이다. 신제품 개발에는 많은 비용이 소요되고 기업의 사활이 걸려 있는 문제로 보안사항에 해당되기 때문이다. 여러 가지 방법 가운데 기술의 발전 방향을 예측하는 방법으로는 글로벌 업체의 IR자료 또는 사업보고서를 참고하여 어느 분야에 연구개발자금을 활용하는지를 파악하거나 국가에서 지원하는 R&D 지원사업이 어느 분야에 집중하고 있는지를 살펴보는 방법이 있다.

6) 사회적 환경

사회적 환경은 일반적으로 사회를 구성하고 있는 구성원의 기본적인 정보를 총괄하며 인구의 변화 정도, 연령대의 분포, 소득 수준의 변화, 가치관의 변화, 라이프스 타일의 변화 등을 들 수 있다.

(1) 인구의 변화 정도

우리나라의 경우 과거에는 3~4명의 자녀를 두는 것이 당연했지만 최근에는 1~2명의 자녀를 선호하는 추세이다. 이에 따라 인구 증가 폭도 줄어들었으며 자녀 수가 줄면서 예전보다 자녀에 대한 관심이 늘어나고 있다. 자녀에 대한 관심은 가구 소비 행태에 영향을 주게 되며 유아용품 산업에 큰 영향을 미칠 수 있다. 창업자는 본인의 사업 방향이 인구 변화에 어떠한 영향을 받을 수 있는지 확인해야 한다.

(2) 연령대의 분포

일본에 이어 우리나라도 실버세대가 늘어나고 있다. 이에 따라 실버산업이 각광받고 있으며, 향후에도 은퇴 세대가 지속적으로 늘어감에 따라 실버산업은 호황산업이 될 것으로 예측된다. 창업자는 자신의 아이템이 어느 세대에 주로 사용되는 제품인지 파악하고 그 연령대의 분포를 조사해야 정확한 시장 타깃팅이 가능할 것이다.

(3) 소득 수준의 변화

과거에는 결혼 이후 주부는 가정에서 생활하는 생활 패턴을 보였으나 최근에는 맞벌이가 주를 이루고 있다. 이에 따라 가정당 소득 수준이 높아지게 되었으며, 외식산업이나 인스턴트 식품 등의 산업이 발전하게 되었다. 창업자는 진입하고자 하는 사업이 소득 수준에 영향을 받는지 파악해야 한다.

(4) 가치관의 변화

빠른 공업화와 더불어 최근에는 환경에 대한 문제가 대두되고 있다. 이러한 사회환경의 변화는 소비자에게 친환경 제품을 선호하게 하거나 인체에 유해한 재료나 원료를 사용하는 기업에 대한 불매운동을 벌이는 등 사회적 압박이나 제재를 가하기도 한다. 결국, 사회문화의 변화는 소비자의 가치관에 영향을 줄 수 있으며, 창업 시 소비자에게 제공할 재화나 서비스가 이러한 소비자 가치관에 부합하는지 고려해야 한다.

(5) 라이프 스타일

앞서 언급한 인구, 연령, 소득 등의 변화에 따라 소비자들의 라이프 스타일은 수시로 변화하게 된다. 인터넷의 발달에 따라 나라별 유행을 실시간으로 파악할 수 있으며, 국제 운송서비스의 발달에 힘입어 해외직구 등을 통해 제품을 빠르고 편리하게 구매할 수 있는 환경에 도달해 있다. 이러한 사회 전반적인 기술의 발달에 따라 소비자는 생활의 질을 추구하는 경향을 보이고 있다. 창업을 고려할 경우 이러한 소비자의 라이프 스타일이 사업 운영에 어떠한 영향을 주는지 파악해야 한다(실습 4-6).

내부 환경이 창업자에게 강점과 약점의 요소로 작용한다면 외부 환경은 사업의 기회와 위협의 요소로 작용하게 된다. 내부 환경과 마찬가지로 외부 환경도 또한 수시로 변화하게 되며, 창업자는 이러한 변화에 민감하게 대처해야 사업에 있어서의 위험을 감소시킬 수 있다. 창업자는 각 요소에 대한 강점, 약점, 기회, 위협요소를 정확히 파악할수록 사업에 성공할 확률이 높아짐을 인식하고 있어야 한다. 또한 파악된 정보를 바탕으로 강점과 기회요소를 가진 경우에는 이를 극대화하여 사업의 시너지를 높일 수 있는 전략을 수립하고, 약점 및 위협요소를 가진 경우에는 이를 극복하여 사업의 안정화를 도모할 수 있는 전략을 필수적으로 수립해야 한다.

본 장에서 제공하는 워크시트를 작성해 보면 환경 분석에 대한 역량이 확보될 것이다. 모든 워크시트를 작성함에 있어 중요한 원칙 중 하나는 정보의 출처에 대해 주석 등을 이용해 명확히 해야 한다는 것이다. 이는 본문에서 언급한 것처럼 정보의 양보다 질이 중요하며, 유용한 정보의 원천은 향후 사업을 추진하면서 관련분야의 업데이트 정보 또는 유사정보가 필요한 상황에 수시로 활용할 수 있기 때문이다.

실습 4-6 외부 환경 분석(2)

- **목적**: 공급자, 기술적, 사회적 환경에 대한 분석을 실시한다.
- **진행방법**: 각 환경에 대한 현 상황 및 향후 전망에 대해 기술해 본다.

No.	자원 구분	현 상황	향후 전망
1	공급자 환경		
2			
3			
4	기술적 환경		
5			
6			
7	사회적 환경		
8			
9			
기타 외부 환경에 영향을 줄 수 있는 요인			

CARD

Chapter 5

상권 분석

1. 상권의 개념 및 특징
2. 좋은 상권의 조건
3. 상권 분석 프로세스 및 주요 내용
4. 상권 분석 시 주의사항
5. 소상공인시장진흥공단 상권정보시스템 소개

Chapter 5

상권 분석

1. 상권의 개념 및 특징

상권이란 하나의 점포 또는 다수의 점포 집적지가 목표 고객과 경제적 상호작용을 발생시키는 범위로 정의할 수 있으며, 다양한 업종의 점포가 상가 등을 형성하여 밀집된 지역, 교통중심지, 업무중심지 등 소비자를 유입시켜 경제적인 거래가 발생하는 지역이란 의미도 내포하고 있다. 이러한 상권은 유동인구, 배후지 인구, 경쟁점포 수, 점포 크기, 취급 상품의 종류, 상업 집적도, 교통 편리성 등에 따라 특성이 달라진다.

상권은 유사한 직업이나 목적을 가진 사람들이 모이는 지역이라는 특징을 보이는데, 이렇게 유사성을 보이는 특성으로는 직업 및 목적 외에도 모이는 사람들의 수준, 연령, 취미, 소비행태(주거 용도의 아파트 및 단독주택) 등을 들 수 있다.

그렇기에 초기 자본이 부족한 창업자의 경우 철저한 상권 분석을 통해 목표 소비자 유입에 유리한 상권을 확보하는 것은 중요한 의미를 지닌다.

또한, 상권은 업종 및 업태는 물론 주변 환경 및 사회적인 이슈에 따라 함께 변화하기에 창업자는 물론 사업을 영위하고 있다면 주기적으로 자신이 속한 상권을 분석해야 한다.

2. 좋은 상권의 조건

창업아이템의 종류나 사업의 규모에 따라 달라지지만 좋은 상권으로 평가되는 지역은 배후거주지, 유동인구, 고객 유입시설, 교통 및 경쟁 관련의 측면에서 다음과 같은 조건들을 충족시키는 경우이다.

반경 2km 이내에 10층 이상의 대형건물이 5개 이상 있거나 밀집 지역 또는 대규모 아파트나 주택단지가 있는 경우, 버스종착역 반경 500m 이내 지역이거나 고정세대가 5천 세대 이상인 지역의 경우 배후거주지 조건이 우수한 것으로 평가받는다.

유동인구의 측면에서 좋은 경우는 고등학교나 대학 주변(정문 500m 이내, 후문 300m 이내 지역) 상권, 지하철역 및 버스정류장으로부터 주택으로 들어오는 입구의 모퉁이에 있는 경우, 편도 2차선 삼거리 이상 도로의 200m 이내 지역에 있는 경우이다. 보통 유동인구가 많은 지역은 유입인구 또는 고정인구가 2만 명 이상인 지역을 말한다.

반경 1km 이내에 여관, 호텔 등의 숙박업소가 10개 이상 있거나, 지하철역 300m 이내 지역, 버스정류장 100m 이내 지역, 정류장에 정차하는 버스의 노선이 5곳 이상인 지역 등은 고객유입 및 교통 관련 시설 측면에서 좋은 상권으로 평가받을 수 있다.

또한, 동일도로 200m 이내에 동업종이 없는 지역이나 반경 500m 이내에 동업종이 3개 이상 없는 지역은 경쟁 측면에서 좋은 상권으로 고려된다.

하지만 창업자가 좋은 상권을 확보하는 목적인 높은 이익을 얻기 위해서는 고객의 소비가 증대되어야 하며, 그렇기에 목표 고객의 소비패턴과 선택속성에 따라 좋은 상권의 조건이 달라질 수 있다.

3. 상권 분석 프로세스 및 주요 내용

단계	내용
상권 개요	• 상권 배후 환경 및 상권 핵심 등을 파악
상권 지도	• 지세 및 1차, 2차, 3차 상권까지의 상권 지도 작성
인구 통계 및 구매력 분석	• 양적인 요인들로 인구, 세대수 정도 등을 파악 • 실제 구매실태를 조사하여 소비 특성과 수준을 조사
통행량 및 흐름도 분석	• 입지 주변의 교통체계를 분석한 후 요일별, 시간대별 통행량 조사 실시 • 유동인구 특성별 조사
상권 특성 분석	• 해당 지역의 특성 파악
부동산 시세 분석	• 지역의 임대보증금, 임대료, 권리금 등 파악
변화 가능성	• 각종 개발계획을 검토하여 해당 구역의 변화 분석

[그림 5-1] 상권 분석 흐름도

상권 분석을 위해서 현장조사를 하기 전에 다양한 상권 분석 시스템이나 행정통계자료 검토와 함께 네이버(Naver)나 다음(Daum) 지도 서비스를 활용하면 의외로 상당한 정보를 확보할 수 있다. 물론 지도 서비스만으로 모두를 설명하기 어려운 부분이 있지만 다른 상권정보시스템, 행정통계자료, 현장조사를 병행하여 사용하면 효용성은 더욱 증가할 것이다.

상권 분석을 위한 주요 내용을 소개하면 〈표 5-1〉과 같다.

〈표 5-1〉 상권 분석의 주요 내용

분석 범위	주요 내용
상권 범위/배후세대 분석	• 상권 범위 설정: 위성 서비스의 지형, 지물, 거리 개념을 사용하여 판단
	• 배후세대 분석: 단지별 아파트 현황 판단 → 상권 분석 시 전체 배후 아파트 단지에 대한 분석은 수행하지만 개별 분석은 하지 않는데, 도시지역 상권에서는 꼭 필요한 부분임(세대수, 동수, 아파트 층수, 면적, 입주 시기, 구간 거래가격의 일부 정보)
	• 일정한 소권역 내 주택호수 조사에도 사용
	• 경쟁 상권과의 거리 및 교통 및 주변 환경조사로 상권의 우열 판단
도로/교통환경	• 도로명 지도: 도로의 기능을 통해서 상권의 흐름 파악
	• 노선버스: 노선 숫자와 경유 노선을 통해서 고객 유입지역 및 방향을 파악하는 데 적합
	• 교통 흐름: 차량 지·정체 속도와 시간대를 통해서 입점 점포의 적정성을 판단
업종조사	• 업종(아이템) 분포 현황 및 상권 지도 작성 가능
	• 경쟁점(경합점) 위치, 규모, 브랜드명, 입지
	• 경쟁점까지의 거리 측정으로 입지의 우위성 판단
입지조사	• 동일 건물 내 및 연결 업종조사를 통한 입지의 경쟁력
	• 건물/점포 규모, 전면넓이 측정 가능, 건물 점포의 외관 모양
주요 업종/시설분포도	• 카페(제과점/아이스크림/기타): 업종별 경쟁점 숫자와 경쟁 정도를 파악할 수 있고 트렌디한 업종의 입점 여부를 판단하는 추세 분석에 도움
	• 병원 및 의료(종합병원/과별 병원/치과/한의원/약국): 진료과목별 입점 숫자에 따라서 지역상권을 판단하는 중요 자료로 활용 가능
	• 주차장(공영/공용/환승): 도심지에서 가족형 외식업, 대형 음식점의 주요 판단 자료
	• 마트 및 슈퍼: 동네 상권의 생활 동선을 파악하는 데 도움
	• 생활 및 편의(세탁소/PC방/노래방/찜질방/독서실/열쇠/구두수선/화원): 특별한 상관관계는 없고 업종 간 경쟁도 파악 정도
	• 스포츠 시설: 1차로 각각 부문별 경쟁도 파악에 이용하지만, 성인 피트니스센터나 골프연습장은 상권의 소득 수준 파악에 이용
	• 음식점: 경쟁업소 위치, 규모 파악이 가능하고 각 업종 군 분석을 통해서 상권 내 음식점 군, 즉 먹자골목 상가권을 파악할 수 있음
	• 숙박업소: 야간 업종을 하려는 창업자들에게는 숙박업소의 분포가 중요 자료가 됨

분석 범위	주요 내용
	• 은행: 은행 분포의 숫자와 위치 및 은행의 종류에 따라서 상권의 등급을 판단하는 자료로 활용 가능
	• 주유소: 상권 형성 지역에서 상권의 단절요소를 파악하는 데 중요함
	• 편의점: 상권 내의 유동인구 활성화 지역, 이동 동선을 파악하는 데 중요
	• 영화 및 공연: 영화 및 공연장은 지역의 거점 상권에 위치하므로 상권 범위가 넓은 업종의 입점 시 유효한 상권 범위와 목표 층의 고객 분석에 활용 가능
	• 관공서: 입점 시 인지성을 높이기 위한 경우, 인근의 관공서 위치는 중요함. 각각 공공기관별로 유입성이 높은 기관도 있지만, 오히려 저해하는 요소도 있어서 파악에 신중할 필요성이 있음
도시계획	• 지구단위계획(개발계획): 개발 진행단계와 방법

상권 분석에 적용되는 이론은 크리스탈러의 '중심지이론', 넬슨의 '입지선정 8원칙', 레일리의 '소매인력의 법칙', 이리에의 원칙이 있으나 소매업에 주로 사용되는 넬슨의 입지선정 8원칙을 통해 상권에 대한 통찰력을 키울 수 있다(〈표 5-2〉).

〈표 5-2〉 넬슨의 입지선정 8원칙

단계	구분	내용
1	상권의 잠재력	• 소비자 흡인력이 강하거나 추후 강해질 가능성
2	접근 가능성	• 상권 내에 있는 소비자의 자기 점포 흡입 가능성
3	성장 가능성	• 상권의 인구 증가, 소득수준 증가 등 매출 성장 가능성
4	중간 저지성	• 기존 상권이나 경쟁점포로 유입되는 소비자를 중간에 저지하여 흡수할 가능성
5	누적적 흡인력	• 유사한 업종이 밀집되어 고객의 흡인력을 극대화 가능성(ex. 마장축산물시장, 낙원 악기 상가, 용산전자상가 등)
6	양립성	• 상호보완 관계에 있는 점포가 인접하여 고객의 흡인력을 높일 가능성(ex. 병원+약국, 다양한 진료과목의 병원)
7	경쟁 회피성	• 기존 점포 혹은 신규 점포로 인한 경쟁 회피 가능성
8	경제성	• 가격 및 비용을 기반으로 수익 가능성(BEP 분석)

4. 상권 분석 시 주의사항

정보가 많은 것이 좋은 것만은 아니며 오히려 의사결정에 방해가 될 수 있다. 따라서 다양한 정보를 활용하기 위한 자신만의 계획이 있어야 하며 목표 검토를 위해 필요한 하나의 지표로 생각해야 할 것이다.

상권 분석도 이와 비슷한데, 신뢰성 있는 외부 정보라 할지라도 오류나 잘못된 정보가 포함될 수 있어서 전적으로 신뢰하는 것보다 참고자료로 활용하는 것이 적절하며, 상권 분석의 결과 자신의 아이템의 장·단점이 무엇인가를 고려하는 것이 좋다.

상권 분석을 제대로 하기 위해서는 상권 전체의 특성, 인구의 움직임과 같은 큰 부분에서부터 해당 상권 내의 자신의 점포 위치 및 관련 사항과 같은 세세한 부분에 이르기까지 단계적으로 파악해 두는 것이 중요하다.

이 때문에 인터넷 등을 통한 사전 조사를 기반으로, 현장에도 여러 번 방문하여 상권의 분위기를 느끼고 실질적인 유동인구를 파악하며, 점포의 입점 위치를 평가해 보는 것이 상권 분석을 위해 필수적이다.

또한, 성공적인 창업을 위해서는 특정 상권에서 점포를 열었을 때 사업 성공 가능성을 검토하는 상권 분석뿐만 아니라 투자 규모, 업종, 목표 고객 등 사업 진행을 위한 여러 요인을 검토하는 입지 분석을 함께 수행하는 것도 필요하다. 창업을 위한 투자금은 적당한지, 건물의 모양과 용도는 업종에 적합한지, 권리금이 너무 높은 것은 아닌지 등의 요소를 상권 분석과 함께 수행한다면 사업의 실패확률을 낮추고 성공확률을 높일 수 있을 것이다.

또한, 상권 분석을 수행할 때는 조사 결과 자체만으로 특정 방법을 고려하지 말고 상권의 내재적 특성을 반영한 점포 전략의 측면에서 접근하여야 한다. 이를 무시하고 겉으로 드러난 현상만을 살펴서 그에 따른 구체적 방법만을 고려한다면 좋은 상권 분석 결과를 도출할 수 없을 것이다.

5. 소상공인시장진흥공단 상권정보시스템 소개

상권 분석을 위한 다양한 정보시스템이 존재하고 있으나 소상공인시장진흥공단에서 제공하는 상권정보시스템을 소개하도록 한다.

상권정보시스템은 지역 · 업종별 창 · 폐업, 집객 시설 등 20여 개의 상권 현황과 경쟁 정도, 입지등급, 수익성 등의 분석 정보 제공을 통해 준비된 창업을 유도하고 경영안정을 도모할 수 있도록 지원하는 사업이다.

주요 지원 내용으로는 상권 분석, 경쟁 분석, 입지 분석, 수익 분석, 상권 현황 등의 정보를 제공하고 있다.

〈표 5-3〉 상권정보시스템 주요 지원 내용

구분	주요 제공 정보
상권 분석	• 특정 지역 · 영역 · 업종의 업종, 매출, 인구, 지역의 상권정보 • 업종(추이, 업력 현황), 매출(추이, 특성), 인구(유동, 거주 등), 지역(세대 수 현황, 공동주택 현황, 주변시설 현황, 교통시설 현황)
경쟁 분석	• 업소별 경쟁영역 내 거래 건수를 기반으로 경쟁수준을 평가할 수 있는 지표 • 안전/주의/위험/고위험 등 4단계 경고 형태
입지업종 분석	• 특정 입지에 대한 45개 표본업종별 입지 가치(예상 매출액)의 평균을 종합하여 평가한 입지등급
수익 분석	• 특정 위치 · 업종의 추정매출액, 투자비 회수를 위한 목표매출 및 고객 수, 유사한 입지 · 업종의 매출 현황의 비교 분석 정보
상권 현황	• 특정 위치의 인구/업종 통계, 창 · 폐업률 현황 등의 정보 • 특정 업종의 업력 현황, 매출/배달 지수 등의 정보

소상공인 상권정보시스템(http://sg.sbiz.or.kr)에 접속하고 회원가입 후 로그인하면 상권분석시스템을 이용할 수 있다.

로그인한 후, 각 정보 페이지에 대한 이용방법 및 구성항목에 대해 간략히 설명한다.

1) 메인화면

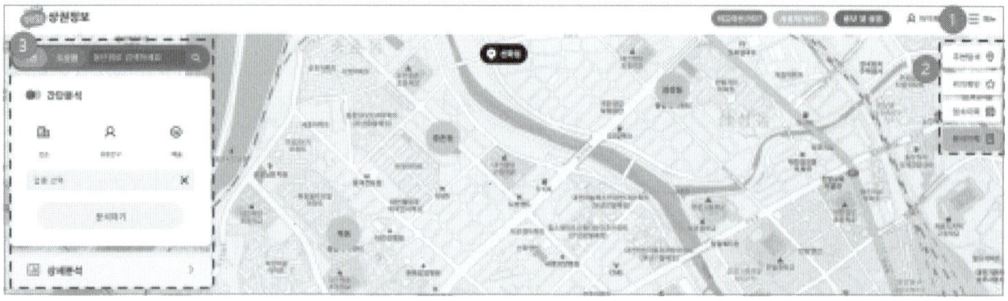

[그림 5-2] 상권정보시스템 메인화면

① 메뉴

- 메뉴 아이콘을 클릭하면 우측 상세 메뉴 페이지 생성
- 창업 자가진단, 상권 분석, 시장 분석, 상권 현황, 정책통계, 알림 정보, 상권 정보 보고서 구독, 분석 이력 등의 페이지로 이동

② 상권정보시스템 지도 기반 정보제공 서비스

- 주변 탐색/위치 확인/업소 이력 클릭하여 추가정보 지도에 표시
- 분석 이력 클릭 시 나의 분석 이력 게시판으로 이동하여 분석 보고서 확인 및 동일 설정 활용 재분석 기능 제공

[그림 5-3] 상권정보시스템 지도 기반 정보제공 서비스

③ 상권 분석 메뉴

- 행정동 단위로 업소/유동인구/매출에 대한 정보를 간단한 수치 제공
- 원하는 업종과 영역을 선택하여 상권 분석/경쟁 분석/수익 분석/입지업종 분석정보 제공

2) 상권분석

(1) 간단 분석

[그림 5-4] 간단 분석 사용법

관심 지역의 행정동 단위의 업소, 유동인구, 매출 수치를 단순 비교하기 위해 활용되는 메뉴로 인근 행정동 간의 간단한 비교 분석에 활용함

① 행정동 선택

- 분석을 원하는 행정동 아이콘을 클릭하면 업종선택을 위한 팝업 창 활성화
- 지도에서 [행정동 선택]을 하면 선택한 행정동 경계가 자동으로 영역 선택됨

② 업종선택

- 분석을 진행하기 원하는 업종 1개 선택
- 하단에 표시되는 세부 업종 1개 선택

③ 분석하기

- 분석하기 버튼을 클릭하면 선택한 행정동의 업소, 유동인구, 매출에 대한 분석이 요약되어 표시됨

(2) 상세 분석

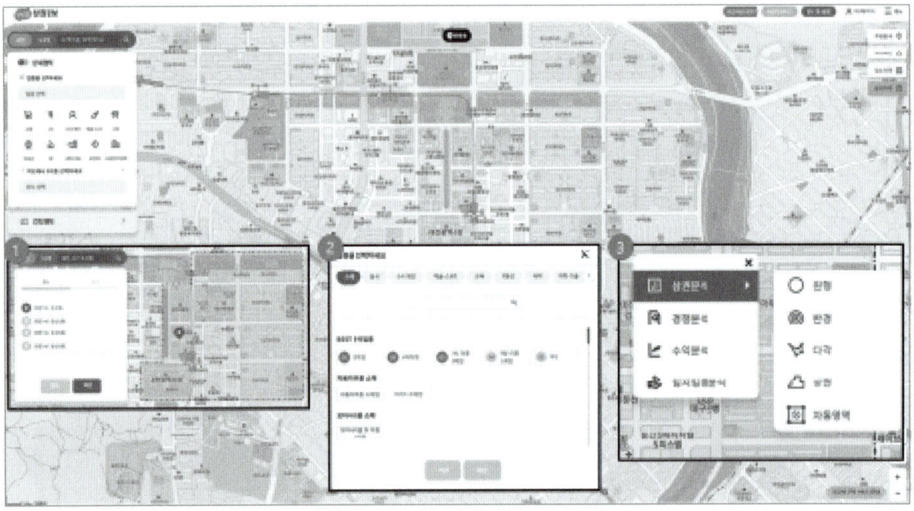

[그림 5-5] 상세 분석 사용법

업소 후보지가 선정된 이후 후보지 기준 상세한 데이터를 확보하고 창업을 설계할 때 원하는 정확한 영역의 상권 분석을 진행할 때 활용

① 지역이동

- 분석을 원하는 주소를 입력한 후 검색 아이콘을 클릭하면 지역검색 결과화면으로 이동함

② 업종선택

- 분석을 진행하기 원하는 업종 1개 선택
- 하단에 표시되는 세부 업종 1개 선택

③ 경쟁 분석

- 상권, 자동영역을 선택하면 자동으로 지도에 영역 선택됨

④ 상권 분석

- 버튼을 클릭 후 분석영역 선택
- 분석영역 선택 후 분석 클릭하면 상권 분석 보고서 화면으로 이동함

3) 상권분석 보고서

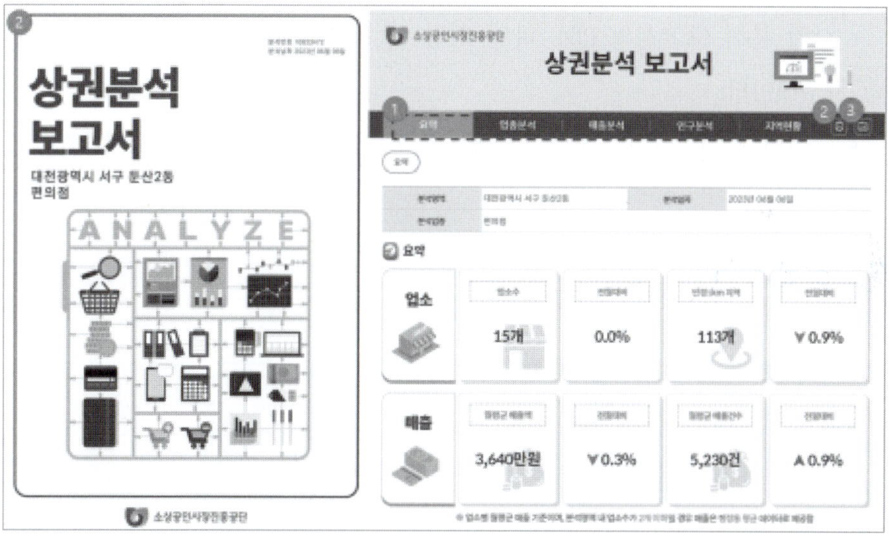

[그림 5-6] 상권분석(상세 분석) 보고서

상권분석 보고서는 특정 지역 · 영역 · 업종의 업종, 매출, 인구, 소득, 지역의 상권정보를 제공함

① 목차

- 원하는 탭과 제목을 클릭하면 해당 영역으로 이동함

〈표 5-4〉 상권분석 보고서 목차 세부 내용

구분	내용
요약	1. 분석개요 2. 업소 추이 3. 매출 추이 4. 인구 추이
업종 분석	1. 업소 수 추이 2. 업력 현황
매출 분석	1. 매출 추이 2. 매출특성
인구 분석	1. 유동인구 2. 주거인구 3. 직장인구
지역 현황	1. 세대 수 현황 2. 공동주택 현황 3. 주변 시설 현황 4. 교통시설 현황

② 출력

- 상권 분석 보고서의 PDF 파일 저장, 출력 기능

③ 기준데이터

- 데이터 출처, 데이터 내용, 업데이트 주기, 최종 업데이트 시기(월) 확인

4) 경쟁분석

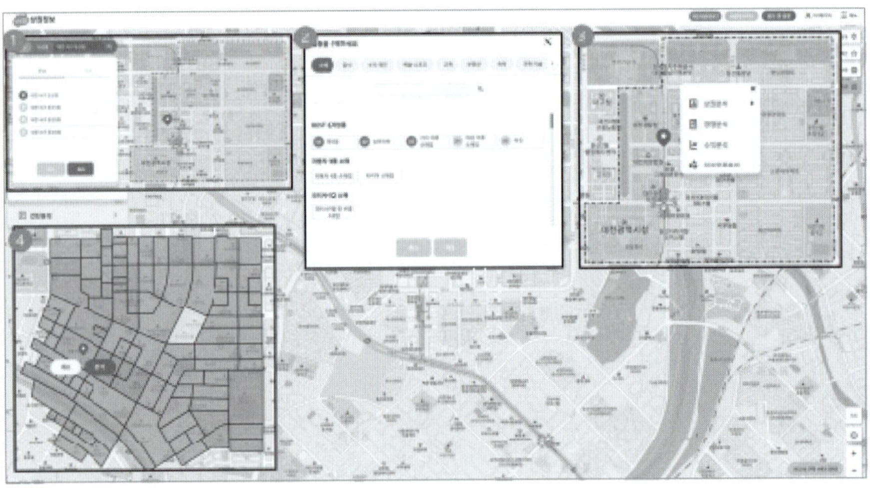

[그림 5-7] 경쟁분석 사용법

창업 후보지의 정확한 위치를 기준으로 경쟁상황을 분석하기 위한 기능

① 지역이동
- 분석을 원하는 주소를 입력한 후 검색 아이콘을 클릭하면 지역검색 결과화면으로 이동함

② 업종선택
- 분석을 진행하기 원하는 업종 1개 선택
- 하단에 표시되는 세부 업종 1개 선택

③ 위치선택
- 지도에서 분석하려는 위치 클릭

④ 경쟁 분석
- 아이콘을 클릭 후 분석 클릭하면 경쟁분석 보고서 화면으로 이동함

5) 경쟁분석 보고서

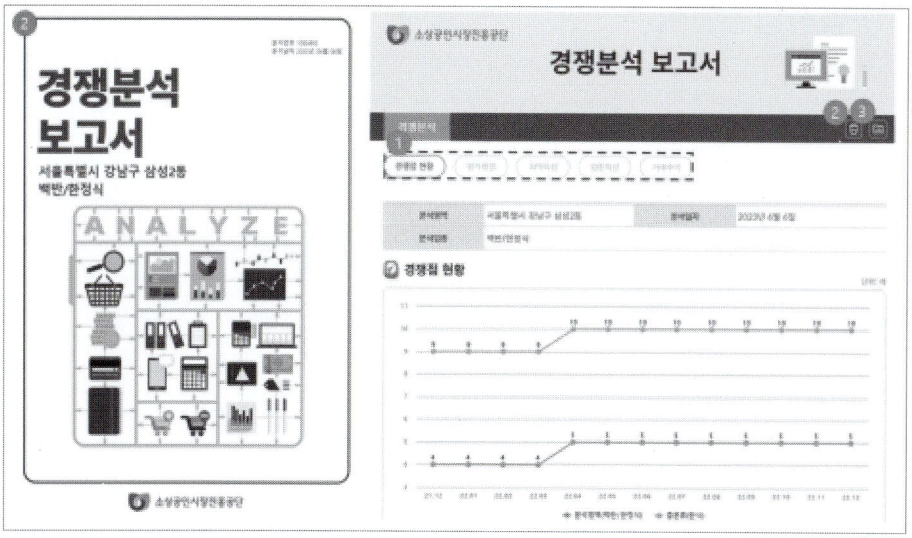

[그림 5-8] 경쟁분석 보고서

경쟁분석 보고서는 업소별 경쟁영역 내 거래 건수를 기반으로 경쟁수준을 평가할 수 있는 지표로 안전, 주의 위험, 고위험 등 4단계 경고형태로 제공함

① 목차 네비게이션

- 원하는 탭과 제목을 클릭하면 해당 영역으로 이동함

〈표 5-5〉 경쟁분석 보고서 목차 세부 내용

구분	내용
경쟁 분석	1. 경쟁점 현황 2. 평가 종합 3. 지역 특성 4. 업종 특성 5. 거래 추이

② 출력

- 경쟁분석 보고서의 PDF 파일 저장, 출력 기능

③ 기준데이터

- 데이터 출처, 데이터 내용, 업데이트 주기, 최종 업데이트 시기(월) 확인

6) 입지업종분석

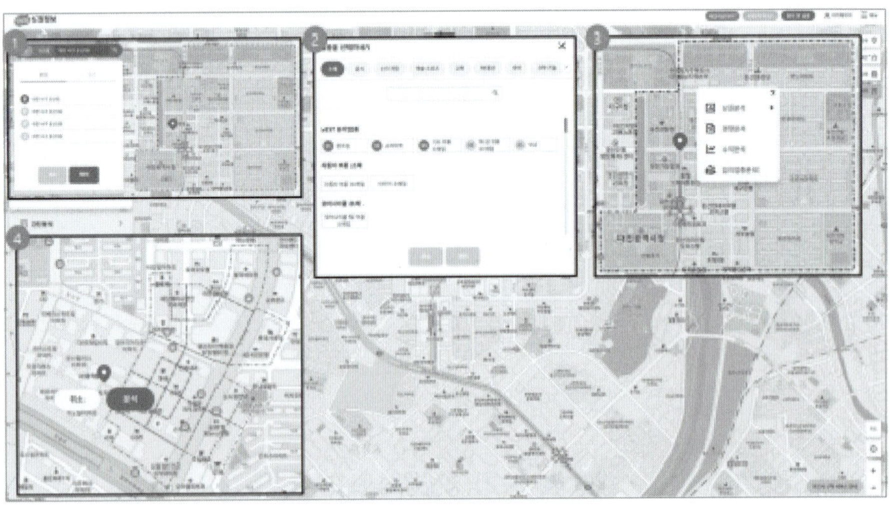

[그림 5-9] 입지업종분석 사용법

① 지역이동

- 분석을 원하는 주소를 입력한 후 검색 아이콘을 클릭하면 지역검색 결과화면으로 이동함

② 업종선택

- 분석을 진행하기 원하는 업종 1개 선택
- 하단에 표시되는 세부 업종 1개 선택

③ 위치선택

- 지도에서 분석하려는 위치 클릭

④ 입지업종 분석

- 아이콘을 클릭 후 분석 클릭하면 입지업종분석 보고서 화면으로 이동함

7) 입지업종분석 보고서

[그림 5-10] 입지업종분석 보고서

입지업종분석 보고서는 특정 입지에 대한 45개 표본업종별 입지 가치(예상 매출액)의 평균을 종합하여 평가한 입지등급정보를 제공함

① 목차 네비게이션

- 원하는 탭과 제목을 클릭하면 해당 영역으로 이동함

〈표 5-6〉 입지업종분석 보고서 목차 세부 내용

구분	내용
입지 분석	입지 현황 2. 입지 유형
업종 분석	매출 예측 2. 업종 추천

② 출력

- 경쟁분석 보고서의 PDF 파일 저장, 출력 기능

③ 기준데이터

- 데이터 출처, 데이터 내용, 업데이트 주기, 최종 업데이트 시기(월) 확인

8) 수익분석

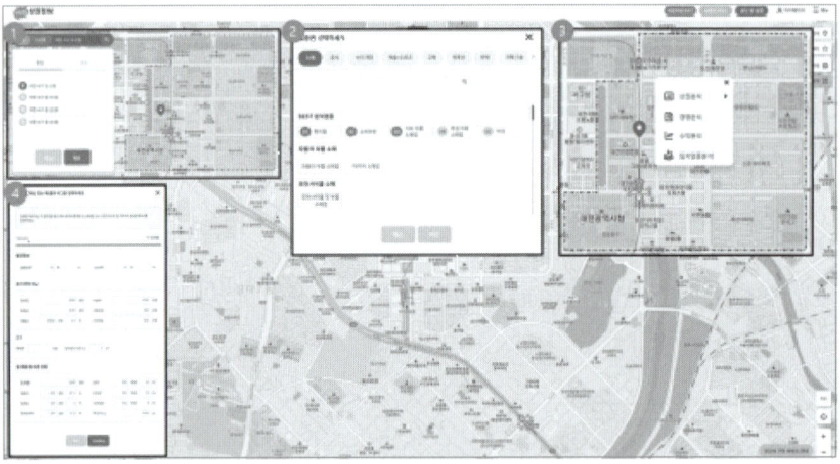

[그림 5-11] 수익분석 사용법

① 지역이동

- 분석을 원하는 주소를 입력한 후 검색 아이콘을 클릭하면 지역검색 결과화면으로 이동함

② 업종선택

- 분석을 진행하기 원하는 업종 1개 선택
- 하단에 표시되는 세부 업종 1개 선택

③ 위치선택

- 지도에서 분석하려는 위치 클릭

④ 수익 분석

- 아이콘을 클릭 후 팝업 창에 업소 매출과 비용 입력 후 분석하기 클릭

9) 수익분석 보고서

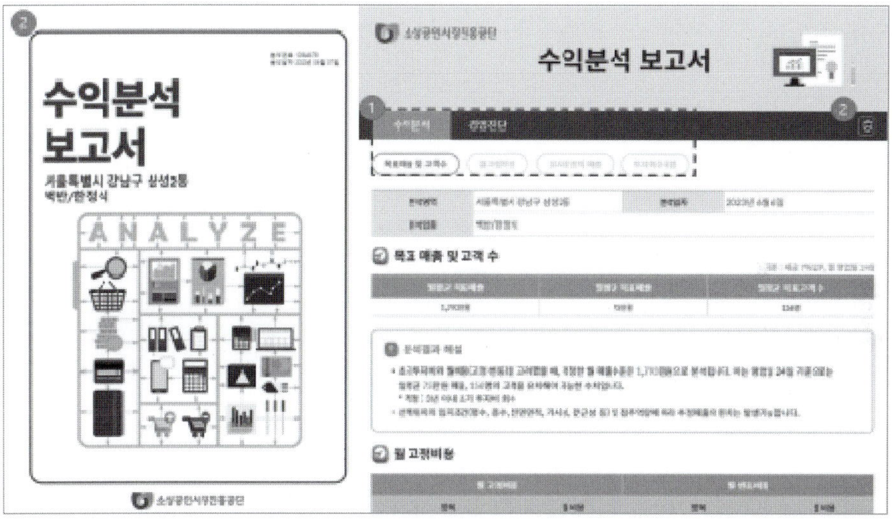

[그림 5-12] 수익분석 보고서

수익분석 보고서는 특정 위치 · 업종의 추정매출액, 투자비 회수를 위한 목표매출 및 고객 수, 유사한 입지 · 업종의 매출 현황의 비교분석 정보를 제공함

① 목차 네비게이션

- 원하는 탭과 제목을 클릭하면 해당 영역으로 이동함

〈표 5-7〉 수익분석 보고서 목차 세부 내용

구분	내용
수익 분석	1. 목표매출 고객 수 2. 월 고정비용 3. 유사상권의 매출 4. 투자 회수 시점
경영진단	1. 의견종합 2. 현황진단 3. 리스크 분석 4. 매출 분석 5. 환경 분석 6. 고객 분석

② 출력

- 경쟁분석 보고서의 PDF 파일 저장, 출력 기능

10) 창업 자가진단

[그림 5-13] 창업 자가진단 사용법

① 창업 자가진단

- 소개, 자가진단 설문, 진단결과의 세부 메뉴로 구성됨

② 자가진단 설문 생성

- 성별, 연령대, 회원 유형(예비창업, 자영업자, 폐업 예정), 관심 업종, 관심 지역 설정 후 설문지 생성

③ 창업자 가진단

- 창업준비도 분석 20개 항목, 창업역량 분석 27개 항목, 시장환경 분석 13개

항목으로 구성됨

④ 진단결과

- 심리특성, 창업준비, 배경 분석의 진단결과 출력

11) 창업기상도

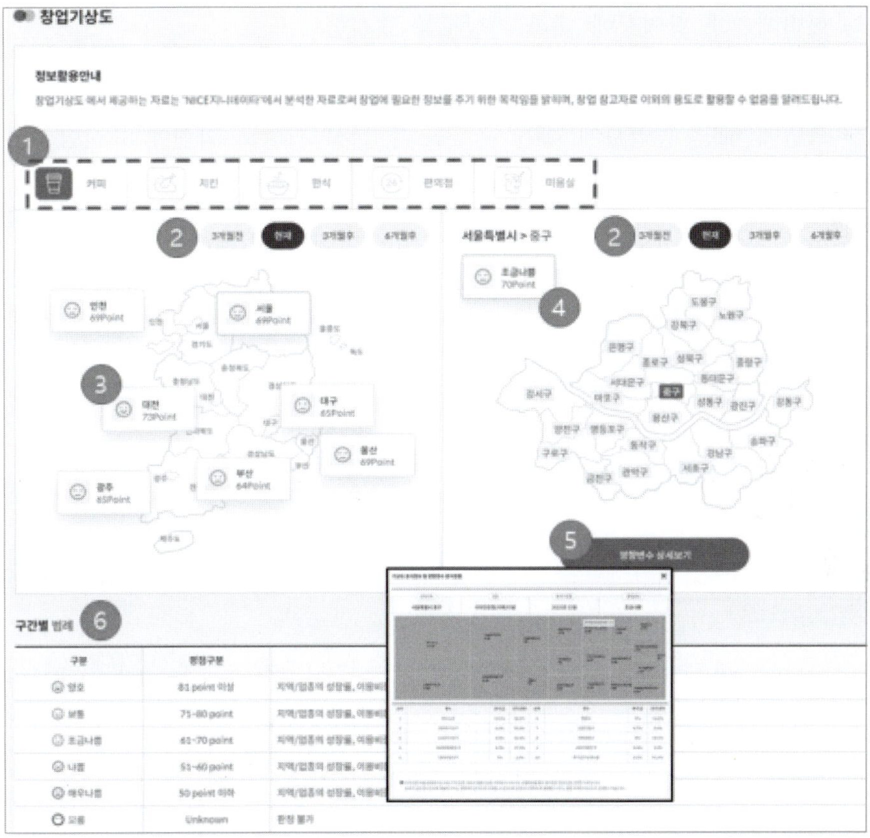

[그림 5-14] 창업기상도 사용법

창업기상도는 5개 업종에 대해 서울특별시 및 6대 광역시(부산, 인천, 대구, 광주, 울산, 대전)의 군 · 구 지역에 대한 기상도 서비스를 제공하며, 시점별(3개월 전, 현재, 3개월 후, 6개월 후) 기상도(7개 구간별 범례) 서비스를 제공함

① 업종선택

- 커피, 치킨, 한식, 편의점, 미용실 중 하나를 클릭하면 현재 시점으로 7개 도시에 대한 기상도를 표시함

② 시점선택

- 4개 시점별로 7개 도시 및 해당 도시 군·구에 대한 기상도를 표시함

③ 광역시도 지도표시

- 화면에 7개 광역시에 대한 기상도를 표시함

④ 군·구 지도표시

- 화면에 해당 광역시에 대한 군·구 클릭 시 기상도 화면에 표시함

⑤ 영향변수 상세보기

- 현재 시점 기상도에 대한 영향변수를 화면에 표시(레이어)

⑥ 구간별 범례

- 기상도 평점별 범례 표시

12) 점포 이력 분석

[그림 5-15] 점포 이력 분석 사용법

① 지역이동

- 원하는 행정동을 입력한 후 검색 아이콘을 클릭하면 지역검색 결과화면으로 이동함

② 업소 이력 선택

- 지도 우측의 업소 이력 아이콘을 클릭함

③ 업소 현황

- 건물 내 점포의 개업/폐업 이력 정보 및 영업 기간을 확인할 수 있음 [업소 이력]
- 붉은색 마커: 업소 이력 정보가 있는 건물
- 파란색 마커: 업소 이력 정보가 없는 건물
- 숫자: 이력이 존재하는 업소 수 / 빌딩 내 전체 업소 수

13) 분석 이력

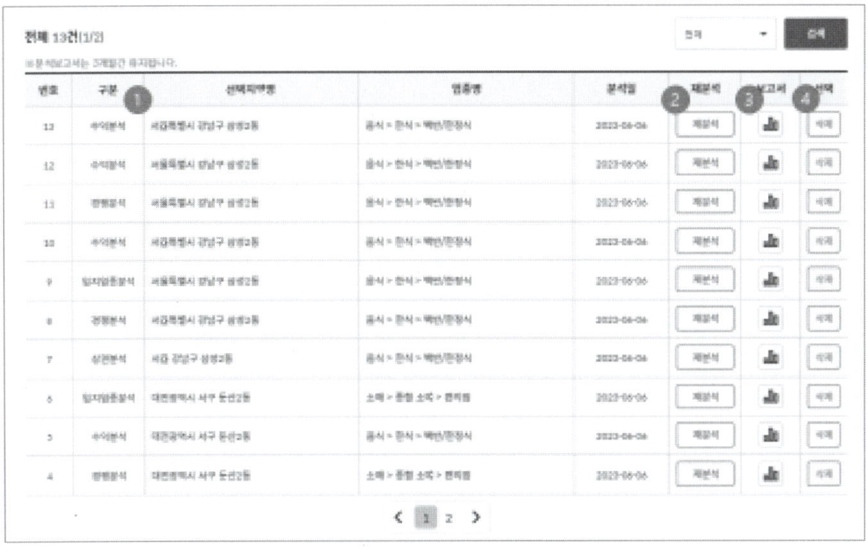

[그림 5-16] 분석 이력 사용법

나의 정보 메뉴 혹은 메인 페이지의 분석 이력 아이콘을 선택하여 최근 3개월간 분석 결과 보고서 이력을 확인할 수 있으며 동일 설정값을 활용하여 비교 분석에 활용 가능함

① 구분

- 상권 분석, 경쟁 분석, 입지업종 분석, 수익분석 보고서 구분정보임

② 재분석

- 선택지역과 선택업종, 조건설정 그대로 다시 분석할 수 있음

③ 보고서

- 분석일 당시 기준의 설정 그대로 분석 보고서를 다시 확인할 수 있음

CARD

Chapter 6

사업 타당성 분석

1. 사업 타당성 분석의 3요소
2. 환경 분석 결과를 활용한 SWOT 전략
3. 기술 창업에 유용한 BMO 분석

Chapter 6

사업 타당성 분석

사업 타당성(feasibility)이란 '사업 자체의 진행 가능성 또는 사업의 추진을 통해 달성하고자 하는 목표를 실현할 가능성'을 말하며 사업을 수행하기 전에 이러한 사업 타당성을 분석하여 실제 사업 추진에 대한 가능성을 확인해야 한다.

사업 타당성 분석은 첫째, 객관적인 자료를 활용한 체계적인 분석을 통해 사업의 성공 가능성을 판단할 수 있으며, 둘째, 경제성, 수익성, 시장성, 생산성 등의 사업에 대한 세부 성과를 미리 판단할 수 있고, 셋째, 사업 타당성 분석 과정을 진행하면서 사업 수행 시 발생할 수 있는 위험요소를 미리 파악할 수 있으며, 마지막으로 사업 타당성 분석의 결과는 사업계획서 작성에 도움이 되며 충실하게 작성된 사업계획서는 정부과제를 받거나 투자자에게 자금을 조달할 때 유용한 자료로 활용된다.

본 장에서는 사업 타당성 분석에 필요한 3요소에 대해 알아보고 4장에서 진행한 내·외부 환경 분석 결과를 활용한 SWOT 분석기법, BMO 분석을 통한 사업 타당성 분석기법에 대해 알아보고자 한다.

1. 사업 타당성 분석의 3요소

사업 타당성은 크게 경제적 타당성, 재무적 타당성, 기술적 타당성으로 구분할 수 있으며, 사업의 성격에 따라 각 요소의 비중이 달라질 수는 있지만 세 가지 타당성에 대한 분석은 모든 사업에 필수적으로 수행되어야 한다.

1) 경제적 타당성 분석

경제적 타당성 분석은 사업에 소요되는 비용(cost)과 사업결과를 통해 벌어들이는 이익(benefit)을 측정하고, 이에 따라 경제적 수익성을 계산하여 사업에 대한 투자의 타당성 여부를 판단하는 분석을 말한다. 간단히 사업에 소요되는 비용의 총액을 동 사업기간 내에 벌어들일 이익으로 나누어 그 비율이 1보다 큰 경우 사업 타당성이 있다고 보는 방식이다.

경제적 타당성을 분석하는 방식으로는 비용편익비율법(Benefit-Cost Ratio)과 순현재가치법(Net Present Value: NPV), 내부수익률법(Internal Rate of Return: IRR)을 사용하며 현재의 이자율과 미래의 이자율 등 경제적 지표를 주로 활용하여 계산하게 된다.

경제적 타당성 분석은 거시적인 경제지표를 활용하여 계산되므로 주로 5년 이상의 기간이 소요되는 대규모 사업이나 프로젝트에 대한 타당성 분석에 용이하며 1인 창업의 경우에는 활용하기 어렵다는 단점이 있다.

2) 재무적 타당성 분석

재무적 타당성 분석은 창업자가 사업을 시작했을 때 해당 사업이 충분한 대가와 수익을 보장하는지, 예상되는 기간 내에 투자금을 회수할 수 있는지에 대한 가능성 여부, 현재의 자금조달능력과 사업 운영 시 발생하는 재무상태를 서로 비교하여 향후 재무상태에 어떠한 영향을 미칠 것인가를 평가하는 데 목적이 있다.

재무적 타당성 분석을 진행하기 위해서는 우선적으로 재무제표에 대한 이해가 선행되어야 한다. 재무제표는 크게 대차대조표, 손익계산서, 이익잉여금처분계산서, 현금흐름표로 나뉘며, 본 절에서는 재무제표의 기초가 되는 대차대조표와 손익계산서에 대한 개념만 소개하도록 하겠다.

대차대조표는 기업의 재무상태를 보여 주는 것으로 자원의 운용상태를 나타내는 자산을 왼쪽(차변)에 자원의 조달 원천을 나타내는 부채와 자본을 오른쪽(대변)에 기입하는 양식을 갖추고 있다. 또한 '자산 = 부채 + 자본'의 공식이 존재하여 차변의 합과 대변의 합은 항상 같다.

〈표 6-1〉 대차대조표의 구조

차변	대변
자산	부채
	자본

손익계산서는 기업활동의 재무적 결과인 수익과 비용을 나열하고 그 차이를 정리하여 당해연도 사업의 손익 여부를 파악하는 것이다. 손익계산서는 경영 활동에서 발생하는 다양한 입출 내역이 존재하게 되는데, 이중 기본적으로 인지해야 할 부분은 매출액과 영업이익이다. 매출액은 사업 성과의 총합을 나타내는 금액이며 영업이익은 영업 활동의 결과만을 가지고 표현되는 경영성과이기 때문이다. 다른 항목이 중요하지 않은 것은 아니지만 기본적인 경영성과를 볼 수 있는 중요지표이기 때문에 매출액과 영업이익의 개념은 숙지하도록 하자. 내가 사업을 추진함에 있어 벌어들인 수입(매출)이 어떤 비용으로 지출이 되고 최종적으로 얼마가 남는지를 알려주기 때문이다.

기본적인 재무제표의 모양을 이해했다고 해서 바로 창업자가 예상 재무제표를 작성하기에는 무리가 따른다. 각 항목이 어떤 비율로 구성되는지 예측하기 어렵기 때문이다. 가장 좋은 예상 재무제표 작성법은 동종업체의 재무제표를 참고하는 방법이다. 업종마다 재무제표는 차이가 있으나 동종업종은 대부분 비슷한 비율을 가지고 있다. 동종업체 중 목표로 하는 기업이 있는 경우 그 기업의 재무제표를 활용하여 예상 재무제표를 작성할 수 있으며, 목표기업이 없는 경우에는 동종업체의 평균 재무제표를 활용하는 방법을 사용할 수 있다. 동종업체의 평균 재무제표는 한국은행의 기업경영 분석 자료를 이용하면 된다(www.bok.or.kr).

매출액
– 매출원가(재료비, 노무비, 경비, 감가상각비 등)
– 판매 및 관리비(급여 및 복리후생비 등)
영업이익
+ 영업외 수익(이자수입 등)
– 영업외 비용(이자비용, 임차료 등)
경상이익
+ 특별이익
– 특별손실
세전순이익
– 법인세
당기순이익

[그림 6-1] 손익계산서의 구조

3) 기술적 타당성 분석

경제적 타당성 분석과 재무적 타당성 분석의 경우 수학적 공식이나 재무적 자료를 활용하여 분석할 수 있어 기술적 타당성 분석에 비해 상대적으로 수월하게 분석할 수 있다. 기술적 타당성 분석은 최근 신기술 및 기술집약형 사업이 많아지고 있고 기술의 융·복합화, 응용 영역의 확산 등에 따라 고려해야 할 변수의 종류가 많고 그 범위가 넓어 정확한 기술적 타당성 분석이 어려워지고 있다.

기술적 타당성 분석의 핵심은 보유하고 있는 기술이 유용한지, 기술의 개발이나 사용에 있어 발생할 수 있는 위험요소가 있는지, 개발 중인 기술의 경우 성공 가능성을 평가하는 것이다. 기술적 타당성 분석을 위해서는 독창성, 수익성, 생산계획,

생산환경, 시설계획, 입지조건에 대한 분석이 이루어져야 한다.

이상으로 사업 타당성 분석의 3요소에 대해 정리해 보았다. 창업자는 자신의 사업 성격에 따라 경제적, 재무적, 기술적 타당성 분석을 실시해야 한다. 모든 타당성 분석을 다 수행할 필요는 없지만 모든 사업에 있어 재무적 타당성 분석은 필수적으로 수행되어야 한다.

2. 환경 분석 결과를 활용한 SWOT 전략

4장 창업환경 분석에서 내부와 외부 환경 분석을 실시하는 방법을 살펴보았다. 본 절에서는 환경 분석 결과를 토대로 SWOT 분석을 실시하고 경영 전략을 수립하는 방법에 대해 알아보도록 하겠다.

1) SWOT 분석이란?

SWOT는 강점(Strength), 약점(Weakness), 기회(Opportunities), 위협(Threats)의 합성어이며, 사업에 있어서 경쟁자와 비교하여 내부 환경에 대한 강점과 약점, 외부 환경에 대한 기회와 위협을 분석하여 기업의 경영 전략을 수립하기 위해 사용되는 분석기법을 말한다. SWOT 분석을 실시하는 이유는 환경의 변화를 통해 창출할 수 있는 기회를 찾고자 하는 데 있다. SWOT는 매트릭스를 활용하여 문장을 짧고 명료하게 나타낼 수 있어 한눈에 쉽게 분석이 가능하다는 장점이 있다.

2) SWOT 분석방법

기본적으로 SWOT 분석은 내 · 외부 환경에 대해 기술하고 도출된 내용을 이용하여 전략을 도출하는 방식을 가진다. 4장에서 정리된 자료를 바로 활용하여 SWOT

분석을 실시할 수도 있지만, 보다 정밀한 분석을 위해 SCEPTIC 체크리스트와 MMMITI 체크리스트를 활용하는 방식을 소개한다.

(1) SCEPTIC 체크리스트

사업의 외부 환경인 기회와 위협요소를 세분화한 것으로 사회적(society) 환경, 경쟁(competition) 환경, 경제적(economy) 환경, 정책적(politics) 환경, 기술적(technology) 환경, 정보(information) 환경, 고객(customer) 환경에 대한 내용을 포함한다.

(2) MMMITI 체크리스트

사업의 내부 환경인 강점과 약점 요소를 세분화한 것으로 인적 자원(men), 원재료(material), 자금(money), 정보력(information), 시간활용(time), 기업이미지(image)에 대한 내용을 포함한다.

이상의 체크리스트를 활용하면 보다 정교하고 간결한 SWOT 분석을 실시할 수 있다. 다음에 제시되는 SWOT 분석 예시는 센서 네트워크 교육용 보드 사업을 위해 실시했던 SWOT 분석표이다. SWOT 분석표만으로도 어느 정도 기업의 상황을 예측할 수 있을 것이다(실습 6-1).

	O		T
S	U-Korea 제창과 함께 임베디드에 관심 증가	S	전반적인 임베디드 산업의 인식이 아직 부족
C	고가의 교육용 보드 난립	C	군소업체 난립
E	초기 시장단계로 시장진입이 유리	E	완전한 시장이 형성되어 있지 않음
P	유비쿼터스 사업에 지원 증가 예정	P	정확한 지원 내용 없음
T	RTOS 및 MCU, 메모리 등의 기술이 발달	T	원천기술에 대한 국내업체 미보유
I	E-learning 산업의 발달	I	지적재산에 대한 보안이 어려움
C	취업을 위한 신기술 습득 의욕이 높음	C	아직까지 이공계 기피 현상이 있음
	S		W
M	박사급의 고급인력 보유	M	충분한 인력 부족
M	경험과 테스트에 의한 최적의 제품 Spec.	M	부품들의 가격 변동이 심함
M	계획적인 자금관리로 불필요한 지출 최소화	M	단기자금만 확보
I	최신 정보습득 및 원천기술 확보를 위해 노력	I	국외 동향에 어려움(시장조사)
T	제품개발을 위해 시간 및 자원 집중 투자	T	교육기간별 시간단위에 맞춰야 함(영업)
I	MOU 체결 등에 의해 업체 간 신뢰도 높음	I	정기적인 매출이 현재 없음

[그림 6-2] SWOT 분석 사례

실습 6-1

SWOT 분석 실습

- **목적**: 창업아이템에 대한 SWOT 분석을 실시해 본다.
- **진행방법**: 자료조사를 통해 사업아이템에 대한 강점, 약점, 기회, 위협요소에 대해 정리해 본다. 모든 자료는 객관적인 출처를 제시할 수 있어야 한다.

구분	Opportunities(기회)	Threats(위협)
society (사회적 환경)		
competition (경쟁 환경)		
economy (경제적 환경)		
politics (정책적 환경)		
technology (기술적 환경)		
information (정보 환경)		
customer (고객 환경)		
구분	**Strength(강점)**	**Weakness(약점)**
men (인적 자원)		
material (원재료)		
money (자금)		
information (정보력)		
time (시간활용)		
image (기업이미지)		

3) SWOT 분석을 통한 전략 수립

SWOT를 정리했다면 정리된 결과를 이용하여 향후 추진할 사업에 대한 전략을 마련해야 한다. 이러한 전략은 정리한 강점, 약점, 기회, 위협을 각각 연결시켜 네 가지 전략이 도출된다.

① **SO 전략**: 강점을 활용하여 기회를 살리는 전략으로 가장 공격적인 전략이다.
② **ST 전략**: 강점을 활용하여 위협이 될 요소에 대해 회피하거나 최소화하는 전략으로 다양한 대안을 마련하는 다양화 전략이다.
③ **WO 전략**: 약점을 보완하여 기회를 살리는 전략으로 불리한 상황을 바꾸고자 하는 방향 전환 전략이다.
④ **WT 전략**: 약점을 보완하면서 위협을 회피하거나 최소화하는 전략으로 가장 방어적인 전략이다.

이상 네 가지 전략은 목적 달성의 중요성, 실행 가능성, 경쟁자와의 차별성, 시의 적절성 등을 고려하여 수립해야 한다. 강점과 약점, 기회와 위협의 요소를 찾아냈다면 이를 활용하고 극복할 수 있는 전략을 마련하는 것이 SWOT 분석의 최종 목적이다.

SWOT 분석의 장점은 첫째, 내부와 외부의 환경을 동시에 판단할 수 있다는 점이다. 이를 통해 현재의 상황뿐만 아니라 미래의 상황에 대한 예측도 가능하여 장기적인 전략수립에 도움이 된다. 둘째, 다양한 내용을 간단한 매트릭스로 명료하게 나타낼 수 있다는 점이다. 이는 창업자 본인뿐만 아니라 투자자 등 다른 사람에게도 사업의 전략을 쉽게 설명할 수 있다는 강점을 지닌다.

반대로 SWOT 분석의 단점으로는 각 체크리스트를 정리하기 위해서는 다양한 관련 지식이나 정보를 확보해야 한다는 점이다. 두 번째로 스스로 SWOT 분석을 실시하게 되는 경우 약점과 위협요소에 대한 평가에 관대해질 수 있다는 점이다. 창업자는 냉철하게 내부의 약점과 외부의 위협요소를 파악하여 전략을 수립해야 한다.

[그림 6-3]은 SWOT 분석을 통한 전략 도출 결과 내용이다. 강점과 약점, 기회와 위협 요소를 정리한 내용이 최종 전략으로 도출되는 과정을 볼 수 있다(실습 6-2).

	U-Korea 제창으로 유비쿼터스 산업 및 기초산업인 임베디드 S/W의 관심이 높아짐	초기시장단계로 완전한 시장 형성이 되어 있지 않음
제품의 활용도 높음 상대적으로 저렴한 가격 협력업체 유대관계 강함	국 · 공립 교육기관에 주력 납품 임베디드 관련 협력업체 및 연구소 납품	전문교육기관(학원, 전문대) 주력 납품
소수인원이 다량의 구매를 결정 효과적인 영업망 부족	교수진의 관심 유도 및 교수진 교육에 중점	신기술 습득에 관심이 많은 교수진 섭외

[그림 6-3] SWOT 분석을 통한 전략 수립

실습 6-2 SWOT 분석 결과에 따른 전략 수립

- **목적**: SWOT 분석 결과에 따른 사업 전략을 수립한다.
- **진행방법**: 강점과 기회요소를 부각하고, 약점과 위협요소를 상쇄시키는 방안을 마련하여 정리해 본다.

	Opportunities(기회)	Threats(위협)
Strength(강점)	SO 전략	ST 전략
Weakness(약점)	WO 전략	WT 전략

3. 기술 창업에 유용한 BMO 분석

SWOT 분석은 창업 분야에 상관없이 다양한 업종의 사업성을 평가하는 데 유용한 타당성 분석방법이라고 볼 수 있다. 그러나 기술을 기반으로 한 창업의 경우에는 추가적으로 BMO 분석을 실시하면 더 정밀한 사업 타당성 분석을 실시할 수 있다. 본 절에서는 기술 창업을 준비할 경우 유용하게 활용될 수 있는 BMO 분석에 대해 소개하겠다.

1) BMO 분석이란?

BMO란 Bruce, Merrifeld, Ohe의 첫 글자를 딴 명칭으로 분석방법을 개발한 사람과 기관의 이름으로 명명된 분석방법이다. BMO 분석은 크게 두 가지 측면에서 평가가 이루어진다. 첫 번째는 사업매력도로 내부의 역량을 고려하기 전 단순히 해당 사업아이템 자체가 가지고 있는 사업화 매력도를 측정하는 것으로 6가지 측정항목으로 구성되어 있으며, 각 항목당 10점 만점으로 총 60점 만점으로 측정된다. 두 번째는 자사적합도로 사업매력도의 총점이 35점이 넘는 경우 사업매력도가 있는 것으로 판단되어 이러한 매력적인 사업이 실제 나의 역량과 적합한지 내부 역량을 측정하는 것이다.

2) 사업매력도 측정

사업매력도란 창업아이템이 속하고 있는 산업의 속성과 사업환경을 고려하여 해당 사업이 동 산업 내에서 얼마만큼 매력적인 사업성을 가지고 있는지를 평가하는 것이다. 총 6가지(시장규모, 성장성, 경쟁력, 위험분산도, 업계 재구축 가능성, 특별한 사회적 상황)로 구분되어 있으며, 각 측정 항목을 평가하기 위해서는 시장조사 자료나 통계자료 등을 참조하여 객관적인 평가를 수행해야 한다.

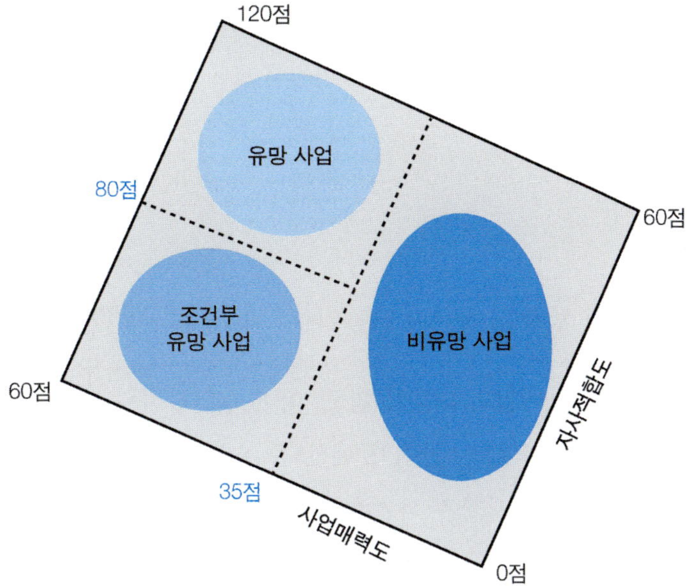

[그림 6-4] BMO 평가 구조

(1) 시장 규모

창업연도부터 5년 후 시장규모와 시장 성장률을 파악하여 수치화하는 평가 항목이다. 시장 규모는 국내시장을 기준으로 측정한다. 1,000억 원 이상의 시장 규모인 경우 5점을 부여한다.

- **투자효율**: 5년간 평균이익을 5년간 평균 투자금으로 나눈값(return on investment: ROI)을 측정하여 투자금 대비 이익을 측정하는 지표이다. ROI 측정이 어려울 경우 연평균 영업이익률로 계산해도 무방하다. 향후 이익을 계산하는 방법은 관련 산업의 과거 3년간 이익을 참고하여 증가율을 계산하면 수월하다. ROI가 20% 이상일 경우 5점을 부여한다.

(2) 시장성장성

현재 또는 미래의 사업 내 경쟁상황 등을 고려하여 창업아이템의 연평균 성장 가능성을 평가하는 항목이다. 국내 시장을 기준으로 창업 개시연도 이후 5년간의 연평균 성장률을 계산하여 측정한다. 5년간 연평균 성장률(CAGR)은(5년 후 시장 규모/1년차 시장 규모)(1/5-1)로 계산된다. 연평균 20% 이상 성장이 가능한 경우 10점을 부여한다.

(3) 경쟁력

동 시장 내의 경쟁 현황을 국내시장을 기준으로 측정하는 항목이다.

- **선발기업과 예상진입기업의 대응력 강도**: 이미 창업하려는 사업을 진행하고 있는 선발기업이 있거나 향후 참여가 예상되는 기업이 있는지를 평가하는 항목으로 이미 선발기업이 시장을 석권하고 있고 다른 경쟁사가 그 시장을 침투하는 것이 어려운 경우에는 0점, 창업아이템이 고유하고 향후 경쟁자의 진입이 어려울 것으로 판단되는 경우에는 4점을 부여한다.
- **상품 또는 서비스의 수명**: 창업아이템이 향후 몇 년간 시장에서 유통될 수 있는지를 평가하는 항목이다. 상품이나 서비스의 경우 현재 제공되는 제품보다 더 좋은 대체품이나 현재의 성능을 뛰어넘는 신제품이 출시되는 경우 시장에서 퇴출될 수 있다. 이를 감안하여 향후 창업아이템의 수명을 예측해야 한다. 5년 이상 제품 수명이 기대되는 경우 3점을 부여한다.
- **특허 및 상표에 의한 방어 가능성**: 창업자가 특허 및 상표 등의 지식재산권을 보유하고 있는지, 없는 경우 획득방법이 있는지를 평가하는 항목으로 지식재산권을 보유하고 있을수록 경쟁자의 시장침투를 방어할 수 있다. 강력한 지식재산권 확보가 가능한 경우 3점을 부여한다.

(4) 위험분산도

국내시장을 기준으로 창업아이템의 응용사업화 가능성을 측정하는 항목이다. 응용사업화 종류가 많을수록 사업의 위험을 분산시킬 수 있다. 단, 응용사업화 아이템은 창업아이템과 비슷한 수준의 시장규모를 가지고 있는 분야여야 한다. 5종 이상 응용 분야가 있는 경우 10점을 부여한다.

(5) 업계 재구축 가능성

창업아이템이 시장에 출시되는 경우 동 산업에서 기존의 판매방식이나 생산방식, 제품의 기능이 변화하여 시장이 재구축되는 정도를 평가하는 항목이다. 이는 창업아이템의 혁신성을 측정하는 것으로 기존 시장과 비슷한 수준의 제품으로 사업 개시 후 기존 사업과 차별화가 없는 경우는 2점, 업계의 판도가 바뀌는 경우는 10점을 부여한다.

(6) 특별한 사회적 상황

창업아이템의 특별한 사회적 환경으로 진입장벽이 높아지거나 낮아지는 경우를 측정하는 항목이다. 법적 규제의 신설 또는 완화, 소비 트렌드나 소비자의 가치관 변화 등이 측정 항목이 될 수 있다. 객관적 자료를 활용하여 상황에 따라 점수를 가감하여 측정한다(10점 만점).

3) 자사적합도 측정

자사적합도란 사업을 추진하기 위한 창업자 또는 창업기업의 내부 역량을 사업의 특성을 고려하여 평가하는 항목이다. 총 6가지(필요자금 대응력, 판매 및 마케팅과의 적합성, 제조 및 운영력, 기술 및 서비스 기획력, 원재료 및 부품, 정보 입수력, 경영지원)로 구분되어 있으며, 각 측정 항목을 평가하기 위해서는 창업자 본인의 현재 상황과 향후 확보 가능 역량을 정확히 분석해야 한다.

(1) 필요자금 대응력

창업 후 사업진출에 필요한 자금력의 규모와 이를 어느 정도 대응할 수 있는지를 평가하는 항목이다. 막대한 자금력이 필요하며 창업자가 충분히 대응이 가능한 경우 10점, 이익 창출까지 필요자금 조달이 어려울 경우 점수가 낮아진다. 필요자금은 창업할 때 보유하고 있는 자금과 사업을 영위하면서 벌어들이는 이익금을 합산하여 계산해야 한다.

(2) 판매 및 마케팅과의 적합성

사업에 대한 판로나 판매망을 구축하는 노하우를 창업자 또는 창업기업이 얼마나 보유하고 있는지를 평가하는 항목이다. 창업자의 기존 경력이나 경험이 창업아이템의 판로를 구축하는 데 도움이 되는 경우에는 10점, 신규 마케팅 방식이나 판로를 개척해야 하는 경우 0점을 부여하게 된다.

(3) 제조 및 운영력

창업자가 현재 보유하고 있는 자산(기계, 설비, 공장, 생산시설 등)을 창업아이템에 어느 정도 적용할 수 있는지를 측정하는 항목이다. 기존 제조 역량을 충분히 활용할 수 있는 경우 신규 투자비용이 적어져서 효율적인 사업을 시작할 수 있다. 현재 보유 자산만 가지고 충분히 신규사업을 추진할 수 있는 경우 10점을 부여하며, 신규 설비나 인력이 필요할수록 점수가 낮아진다.

(4) 기술 및 서비스 기획력

신규 사업을 추진하기 위한 기술력 및 서비스에 대한 기획역량을 측정하는 항목으로 신제품을 개발할 기술력을 보유하고 있으며 신규 고객을 발굴하고 유인하기 위한 서비스 기획역량을 보유하고 있는 경우 10점을 부여하며, A/S 등 고객 서비스 가능 여부가 중요한 평가 지표가 된다.

(5) 원재료 및 부품, 정보 입수력

제품을 생산하기 위해 필요한 원재료 등을 원활하고 저렴하게 구입할 수 있는지를 측정하는 항목이다. 원재료나 부품의 조달이 외부 환경(환율, 구매처 수, 대체품 존재 여부)에 영향을 받는지를 측정한다.

(6) 경영지원

사업을 추진함에 있어 창업자의 의지 및 해당 사업을 담당할 전담 인력의 보유 여부를 측정하는 항목이다.

- **전담 인력 보유 여부**: 창업자를 포함하여 해당 사업을 추진할 전담 인력을 보유한 경우 5점, 전담 인력이 있으나 필요 역량이 필요하지 않은 경우 3점, 전담 인력이 없는 경우 1점을 부여한다.
- **창업자의 의지**: 해당 사업을 추진하는 데 있어 창업자의 의지를 측정(5점 만점)

4) BMO 분석 결과의 평가

사업매력도와 자사적합도를 측정하여 창업아이템의 성공 가능성을 측정해야 한다. 우선 사업매력도를 평가하여 35점(60점 만점) 이상을 획득한 경우에만 자사적합도를 측정한다. 사업매력도가 35점 미만인 경우에는 해당 사업은 사업성이 없는 것으로 간주한다. 이후에 자사적합도를 측정하여 사업매력도와 자사적합도의 점수 합이 80점 미만인 경우에는 조건부 유망사업으로 분류하여 자사적합도의 점수를 높여 총합이 80점이 넘을 수 있는 전략을 수립해야 한다. 예를 들어, 자사적합도 중 5점 미만으로 평가점수를 받은 항목이 있는 경우, 이를 5점 이상으로 높일 수 있는 방안을 마련해야 창업 시 성공할 가능성이 높아진다는 것이다. 자사적합도와 사업매력도의 합이 80점 이상인 경우에는 유망사업으로 평가되어 사업성공률이 높은 아이템으로 판단할 수 있다(실습 6-3, 6-4).

BMO 분석법은 사업 유망성 검증 결과를 수치화할 수 있고 상대적으로 수치가 낮게 나온 부분을 부족역량으로 판단하여 해당 역량을 확보하기 위한 전략을 수립할 수 있다는 측면에서 매우 유용한 분석방법이다. 여기서 주의해야 할 점은 수치 산정에 있어 최대한 객관적이고 공신력 있는 자료를 활용해야 정확한 분석이 이루어질 수 있다는 것이다.

실습 6-3 BMO 분석(1) - 사업매력도 분석

- **목적**: BMO 분석을 위한 사업매력도 분석을 진행한다.
- **진행방법**: 사업매력도는 사업과 관련된 외부 환경을 평가하는 요소이므로 각 항목의 객관적 자료를 활용하여 조사표를 작성해 본다.

사업매력도(사업진입의 매력이 있는가?)					
No	항목	세부 평가 항목	배점	평가 점수	평가 사유
1	매출 이익 가능성	시장 규모	5		
		이익 가능성	5		
2	성장 가능성	추정 시장 성장률	10		
3	경쟁 상황	선발기업의 대응력	4		
		제품 수명	3		
		특허 등 방어력	3		
4	위험 분산도		10		
5	업계 재구축 가능성		10		
6	특별한 사회적 상황		10		
소계			60		

실습 6-4 BMO 분석(2) - 자사적합도 분석

- **목적**: BMO 분석을 위한 자사적합도 분석을 진행한다.
- **진행방법**: 자사적합도는 사업과 관련된 내부 환경 및 사업 의지를 평가하는 요소이므로 각 항목의 합리적인 근거를 제시하여 조사표를 작성해 본다.

자사적합도(진입사업의 자사 적합성이 있는가?)					
No	항목	세부 평가 항목	배점	평가 점수	평가 사유
1	필요자금 대응력		10		
2	마케팅 능력		10		
3	제조 및 운영력		10		
4	기술력 및 고객서비스 능력		10		
5	원재료/부품/정보입수능력		10		
6	경영지원	창업자의 의지	5		
		전임 담당자 보유	5		
소계			60		
총계			120		

CARD

Chapter 7

사업계획서 작성

1. 사업계획서의 정의와 유형
2. 사업계획서의 구조
3. 사업계획서의 작성
4. 사업계획서의 평가

Chapter 7 사업계획서 작성

1. 사업계획서의 정의와 유형

1) 사업계획서란?

사업을 추진할 때는 수익창출을 위한 특정한 목적과 방법을 가지고 계획적이고 지속적으로 일을 수행한다. 따라서 사업계획서란 사업 목적을 달성하기 위한 전략을 결정하고, 주어진 자원(인적 · 물적 · 재무적 · 정보적 자원 등)을 효율적으로 관리 및 운영함으로써 그 효과를 높이기 위한 계획이 구체화된 문서이다. 또한 사업내용, 경영방침, 기술성, 시장성, 판매 전망, 수익성, 소요자금 조달 및 운영계획, 인력 충원계획 등이 자세하게 표현된 문서 일체를 의미하기도 한다.

사업을 처음 준비하는 창업자들은 사업계획서를 간단한 연구개발계획서 정도로 단순하게 생각하는 경우가 많다. 무엇을 어떻게 개발/생산/판매해서 이익을 실현할 것인가를 다루는 아이디어가 담겨 있어야 할 뿐만 아니라 이 아이디어가 시장에서 얼마나 성공적일 수 있는지를 기획하고 설명하는 것이 반드시 필요하다. 그리고 연구개발계획서는 아이템을 개발하는 데 필요한 기술적인 과정을 정리하는 문서이지만 사업계획서는 이렇게 개발된 아이템을 시장에 어떻게 출시할 것이며 어떻게 판매하여 수익을 창출할 것인지에 대한 계획을 정리하는 것이므로 연구개발계획서는 큰 범위 내에서는 사업계획서의 일부라고 볼 수 있다. 많은 기술창업가가 연구개발계획서와 사업계획서를 혼용하고 있다.

또한 많은 사업계획서를 살펴보면 명확한 사업 목표 및 전략의 개념이 부족하며, 사업화할 제품이나 서비스가 무엇이고, 이를 누구에게 어떻게 제공할 것인가를 의미하는, 즉 소비자에게 어떠한 가치를 어떻게 제공할 것인가에 대한 마케팅 경험이 없거나 미숙하다. 그리고 사업에 적용되는 기술 아이디어에 대한 특허보호 언급이 없는 경우가 대부분이며, 경쟁에 대해서는 단순히 동일한 제품이나 서비스를 취급하거나 제공하는 기업 정도로만 생각하여 자세히 언급하지 않고 경쟁의 범위도 고려하고 있지 않는 경우가 많다. 또한 재무예측을 전혀 하지 않고, 대차대조표에 대하여는 개념조차 없는 경우도 많다.

이렇게 부족한 부분들을 보완하고 제대로 된 사업계획을 수립하는 데 도움을 주기 위해 캔버스모델(Canvas model)이나 린 캔버스(Lean canvas) 등 빠르고 쉽게 사업을 파악할 수 있는 도구들이 개발되어 적용되고 있다. 다만, 이 도구들은 사업 초기 기획 과정에서 쉽게 쓸 수는 있지만 작성자가 아니면 명확히 이해하기 어려운 요약의 형태로 작성되기 때문에 장기적인 사업 운영 지침을 작성하거나 외부 이해관계자(투자자, 잠재고객 등)에게 사용되기 위해서는 이해관계자가 쉽게 이해할 수 있도록 보다 구체적인 내용들이 기술될 필요가 있다. 따라서 사업계획서는 〈표 7-1〉과 같은 목적과 기능이 포함되도록 작성해야 한다.

〈표 7-1〉 사업계획서의 기능과 목적

기능	목적 및 주요 내용
계획 서류	• 어떻게 사업을 할 것인가에 관한 아이디어 개발 및 사업 타당성 분석에 활용 • 마케팅, 재무, 운영업무 등 기업 활동을 사전에 검토함으로써 전략을 구체화할 기회를 제공 • 실제 시장에서 직면 가능한 잘못을 서류상으로 경험
안내 지도	• 지도 없이 여행할 경우 많은 어려움에 직면하며, 심지어 여행을 중단하는 때도 있음 • 사업 수행을 위한 안내서 역할
평가 잣대	• 일정 기간이 지난 후 실제 성과가 어떠한지 평가 가능 • 향후 새로운 사업계획서를 작성하는 기초자료로 활용
자금 조달 도구	• 금융기관과 투자자들은 사업계획서를 통해 회사의 가능성을 검토

2) 사업계획서의 유형

사업계획서는 활용 목적 및 분량에 따라 크게 요약 사업계획서, 본 사업계획서, 운영 사업계획서의 세 개의 유형으로 분류한다.

(1) 요약 사업계획서

가장 짧은 형태의 사업계획서로서 사업의 중요 정보만 포함하며, 보통 10~15페이지의 분량으로 작성한다. 주로 은행대출 신청, 투자자의 관심 정도 파악, 소규모 투자유치 시도, 정부지원사업 참여 등에 활용한다. 요약 사업계획서는 당 사업을 한눈에 알아볼 수 있도록 핵심적인 내용을 간략하게 정리하는 데 초점을 맞춰야 한다.

(2) 본 사업계획서

자금조달(대출, 투자 등)을 주요 목적으로 작성되며 사업의 규모에 따라 차이가 있겠지만 20~30페이지의 분량으로 이루어진다. 사업상 중요한 문제들을 충분히 설명해야 하며, 상당한 규모의 투자를 유치하고자 할 때 활용한다. 특히 자금조달을 염두에 두어 사업계획서를 작성하게 된다면, 당 사업이 시장에서 어떻게 수익을 창출할 것이며, 이렇게 달성된 수익이 투자자에게 얼만큼의 이익을 환수해 줄 수 있는지를 정리하는 과정이 필요하다.

(3) 운영 사업계획서

앞서 설명한 두 개의 사업계획서와는 그 성격이 조금 다르다. 회사를 운영하기 위해서 내부관리 목적으로 작성하며, 40~100페이지로 작성한다. 창업한 지 얼마 안 된 신생기업보다는 상대적으로 역사가 길고, 제품 수도 많으며 조직구조가 복잡한 성장단계에 있는 기업에게 더 필요한 사업계획서 유형이다. 또한 성장속도가 상당히 빠르거나 목표에 대한 주기적인 평가가 필요한 경우에도 활용할 수 있다. 운영 사업계획서는 전체적인 사업에 대한 계획보다는 기업을 운영하는 데 필요한 다양한 분야별(재무, 회계, 마케팅, 생산, 개발, 인사 등)로 작성해야 한다.

2. 사업계획서의 구조

사업계획서가 중요한 것은 계획 중인 사업의 청사진, 사업 성공을 위한 지침서, 창업 지원을 위한 기본 서류로서의 특징을 가지기 때문이다. 이를 반영하기 위해서는 다음 핵심적인 질문에 답할 수 있어야 한다.

- 사업기회가 실재하고 추진할 수 있는가?
- 현재 수립한 계획을 활용하여 사업에 성공할 수 있는가?
- 계획된 사업아이템에 투자할 가치가 있는가?

위 세 가지를 토대로 사업계획서는 다음과 같은 구조를 갖게 된다.

1) 사업계획서 개요

사업계획서의 가장 핵심적인 부분으로 1~2페이지 정도로 요약할 수 있어야 한다. 시장기회와 위협, 회사의 경쟁우위와 전략, 수익성에 대한 내용들이 설득력이 있고 열정적으로 제시되어야 한다. 개요 부분은 전체 사업계획서가 완성된 후 마지막으로 작성하도록 하며, 처음 사업계획서를 접한 사람의 호기심을 유발하여 나머지 부분까지 알도록 유도한다. 개요 부분만으로도 사업의 전반적인 사항에 대해 파악이 가능해야 하며, 특히 사업 강점 및 경쟁회사와의 차별화 전략을 부각하는 것이 좋다.

2) 회사 소개

창업의 경우 사업계획서 작성 시점에는 실제로 회사가 설립되지 않은 경우가 많아 구체적인 회사 소개를 하지 못할 수도 있다. 그렇더라도 최소한 주요 창업 참여자들의 프로파일을 제시하여야 하며 사업계획과 일관되게 매력적으로 작성할 필요가 있다. 창업초기에 회사 소개부분은 주로 인력구성(팀빌딩), 지식재산권 보유 여부 등이 주로 기술된다.

3) 시장 환경

시장 현황 부분에서는 우선 목표시장을 명확히 정의하고 그 시장이 충분히 크며 추진하는 사업의 잠재적 수익이 얼마인지를 설명한다. 외형적 · 구조적 · 환경적 측면으로 구분하여 작성할 수 있다. 4장에서 정리했던 환경 분석 자료를 적절히 활용하게 된다.

(1) 외형적 특성

시장 규모, 성장성, 수익성 등으로 시장기회를 분석한다.

(2) 구조적 특성

산업구조 분석, 경쟁 분석 등을 활용하여 본 사업이 제공하는 가치를 제시한다.

(3) 환경적 특성

거시환경 요인, 트렌드 등 성장성 및 수익성에 대한 영향력을 분석한다.

이러한 시장 환경을 정리함에 있어 주의해야 할 점은 4장에서도 한번 언급하였지만, 객관적인 데이터를 활용하여 조사하고 정리한 내용의 신뢰성을 부여하는 것이 중요하다는 것이다. 이를 위해 활용한 데이터의 출처를 명확하게 주석 등을 활용하여 명시하는 습관이 필요하다.

4) 경쟁우위와 전략

회사가 보유하는 차별적 우위를 명확히 설명하고 이를 근거로 한 전략을 제시하며 전략 목표를 달성하기 위한 세부 기능별 실행계획을 단계적으로 소개한다. 앞서 언급한 시장 환경을 적극적으로 활용할 수 있는 역량을 보유하고 있고, 이를 통해 시장에서 성공할 수 있는 계획을 정리하는 것이 중요하다.

(1) 핵심역량

단순히 회사 및 제품의 강점이 이렇다는 것을 제시하는 것보다는 특허와 같은 독점적 기술이나 인적 자원 등 창업자가 당 사업에서 성공할 수 있는 근본적인 차별적 역량을 보여 주는 것이 좋다.

(2) 사업 전략

도출된 핵심역량을 근거로 경쟁사(자)보다 혁신적이고 경쟁력이 있는 전략을 제시한다. 사업 전략을 기술할 때 외부 환경의 경쟁자 분석을 통해 현재 시장에서 사업을 영위하고 있는 경쟁자의 비즈니스 방식 등을 미리 설명했다면, 경쟁자가 지금 진행하고 있는 사업방식의 장단점을 비교하여 서술하면 더욱 설득력 있는 사업 전략이 마련될 수 있다.

(3) 기능별 실행계획

사업 전략을 기반으로 구체적인 제품개발계획, 마케팅계획, 생산계획 등 사업 추진과 관련한 기능별 실행계획을 제시한다. 기능별 실행계획을 수립하는 경우, 단순히 각 기능별 실행계획에 대한 나열보다는 각 실행계획에 세부계획 및 차별화전략을 기술하는 것이 외부 이해관계자에게 사업의 당위성을 주장하기도 좋지만 창업자 자신이 사업을 추진함에 있어 세부적인 계획을 세울 수 있다는 장점이 있으므로, 각 기능에 대한 실행계획도 꼼꼼히 기획하는 것이 필요하다.

5) 재무계획

이상의 내용에 근거하여 타당한 가정들을 설정하고 3년 이상의 추정실적을 작성하여 투자조건과 출구 전략을 제안한다.

(1) 추정 재무제표

환경 분석을 토대로 한 추정실적을 시나리오(base, best, worst)별로 작성한다.

(2) 자금조달과 위험관리

자금조달에 계획 및 방법을 설명하고 기업환경, 사업 전략, 운영 및 관리, 재무계획 측면에서 위기가 발생할 경우 어떻게 대응할 것인가에 대한 방안을 제시한다.

(3) 출구 전략

주식 공개, 인수합병, 프랜차이즈화 등 투자자들이 자본수익을 얻을 수 있는 방법을 제시한다.

3. 사업계획서의 작성

1) 사업계획서 작성 단계

사업계획서는 다음과 같은 단계를 거쳐 작성된다. 외부 이해관계자에게 당 사업의 타당성을 주장하기 위해서이기도 하지만, 창업가가 자신의 사업화 아이템을 일목요연하게 정리하여 창업가 자신이 사업추진에 대한 확신을 가질 수 있기 때문이다.

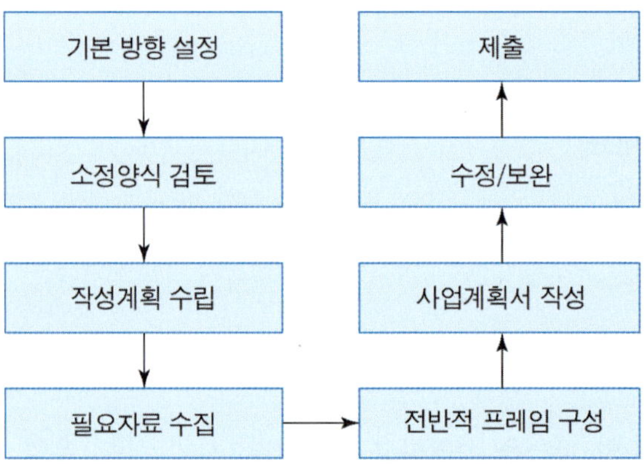

[그림 7-1] 사업계획서 작성 단계

(1) 기본 방향 설정

사업계획서의 작성 목적(사업 타당성 여부 검증, 창업계획 구체화, 자금조달, 공장 설립 및 인허가 등)에 따라 기본 목표 및 방향을 설정한다.

(2) 소정 양식 검토

사업계획서 제출을 요구하는 기관별로 소정의 양식 및 작성 기준이 있는지를 파악하여 반드시 그 양식에 따라 일정하게 작성해야 하며, 별도의 기준이 없는 경우 자유롭게 작성한다.

(3) 작성계획 수립

제출기한이 정해져 있는 경우 반드시 그 일정에 맞추어 계획을 수립해야 하며, 작성을 위한 역할분담을 하도록 한다.

(4) 필요 자료 수집

사업계획서 작성을 위한 참고자료로는 회사 내부 자료(회사개요, 제품 및 기술사항, 마케팅 계획, 재무정보, 운영활동 및 경영팀 관련 자료), 외부 자료(산업, 시장, 경쟁자 분석 자료), 기타 자료(사업계획서 작성지침 관련 책자 또는 자료, 잘 작성된 타사의 사업계획서 등)가 있다.

(5) 전반적 프레임 구성

사업계획서를 어떤 형태로 작성할 것인지, 포함될 내용은 무엇인지, 강조해야 할 것이 무엇인지를 고려하여 전반적인 논리적 흐름 및 구성을 결정한다.

(6) 사업계획서 작성

작성요령을 잘 숙지하도록 하고 수집한 자료를 기반으로 실제 사업계획서를 작성하되 사업의 방향성이 잘 드러나도록 하는 것이 중요하다.

(7) 수정 · 보완 및 완성

작성한 내용 및 방법에 대해 관련 전문가의 검증을 거치는 것이 좋으며, 사업계획서의 목적에 따라 편집 및 재구성 작업을 수행한다. 최종 편집단계에서는 구체적인 수치들이 정확히 입력되었는지 다시 한번 확인하고, 오 · 탈자는 없는지를 특히 주의 깊게 살펴야 한다. 이 작업이 완료되면 최종 사업계획서가 완성된다.

2) 사업계획서의 세부 내용

사업계획서의 세부 내용은 별도의 양식이 있을 경우 그에 따라 작성하게 되며, 소정의 양식이 요구되지 않는다면 다음의 내용을 포함하여 작성한다.

(1) 표지

사업계획서 용어, 회사명, 회사 로고, 작성일 혹은 제출일 등이 포함된다. 또한 사업명이 표시되어야 하는데, 핵심 사업 내용, 독자적인 기술 특성, 비전 등이 함축적으로 표현될 수 있는 제목으로 작성한다. 여러 부를 작성하여 배포하는 경우 표지에 일련번호를 기입하여 복제를 방지하는 방법도 고려해 볼 수 있다.

(2) 총괄요약문

총괄요약문은 사업의 중요한 사항을 가장 간결한 형태로 정리한 요약사업계획이라 할 수 있는데, 앞에서 먼저 보여지는 부분이기 때문에 사업계획서를 보는 이해관계자들에게 기업의 특징과 사업의 매력을 압축하여 관심을 유도할 수 있도록 한다. 세부 사업계획서를 작성한 후 사업계획서의 독자와 용도를 고려하여 핵심 내용과 강조사항을 설정한다.

특별히 강조하여 기술할 내용은 사업 개념, 제품 및 서비스 개요, 목표시장 및 시장의 추이 변화, 본 사업이 성공할 수 있는 이유와 방법, 과거 재무자료 및 미래 추정치, 경영진의 주요 이력사항, 투자 요청 내용(필요한 경우 작성) 등이다.

(3) 목차

사업계획서에 포함된 모든 부분의 제목과 해당 쪽 번호를 함께 표시한다. 사업계획서 전체 내용의 논리적인 전개가 일목요연하게 파악될 수 있는 부분이므로 잘 정리되어야 하며, 사업계획서상에 관심 있는 부분이나 세부 항목을 쉽게 찾을 수

(10) 제품개발 및 생산 계획

제품개발 현황 및 관련 업무를 작성한다. 개발 성과, 개발 일정 계획, 개발 과정 상의 잠재적 문제 및 해결방안, 기술공급원천 및 네트워킹 가능성, 개발인력 및 개발비용, 연구개발 성과 및 향후 연구개발 계획 등을 포함한다.

상용화 및 시장 출시를 위한 생산계획은 전반적인 생산 전략(내부 직접 생산 혹은 외주/제조공정/원부자재 조달계획), 공장 입지, 설비 및 필요 기자재 투자계획, 아웃소싱 방안, 품질경영 방안, 재고관리 방안, 법적 규제 등이 포함된다.

(11) 경영진 구성 및 조직 운영 계획

경영조직, 단계별 충원계획, 소요 인원, 조직도 등을 작성하도록 하며, 핵심창업자들의 이력(최고경영자의 사업 관련 경험, 능력 및 자질, 경영진 및 기술진의 직급, 관련 경험, 성공경력, 학력, 보유기술 등)을 포함하고, 이사진 구성 및 외부 자문 및 지원인력도 포함하는 것이 좋다.

또한, 필요하다면 단기(2~5년 이내)의 인력 확보 전략 등을 기술하는 것도 사업을 계획하는 데 도움이 될 수 있다.

(12) 재무 및 자금 계획

본 사업의 재무 추정을 위한 주요 가정을 우선 설명하고, 3~5개년에 대한 추정손익계산서, 추정 현금흐름표, 추정 대차대조표를 작성한다. 또한 과거 재무제표, 손익분기점 분석도 수행하도록 한다.

자금 조달의 경우, 전체 자금 규모, 투자요청 내역 및 투자조건, 투자된 자금의 활용계획 및 투자자에 대한 예상 수익을 작성한다.

재무 및 자금계획을 작성할 때는 특히 주의해야 할 사항이 몇 가지 있는데, 근거가 되는 데이터는 객관적으로 검증할 수 있거나 논리적으로 설명이 가능한 것만을 사용하도록 한다. 또한, 재무계획은 최상, 최악, 평균 기대치 등 다양한 시나리오를 고려하여 작성하도록 하며, 매출 추정과 필요자금 추정에 가장 많은 시간과 노력을 투입하여야 한다. 회계사 등 전문가의 지원을 받는 것도 좋은 방법이다. 그리고 투자 유치를 통해 보유 지분이 희석될 수 있음을 고려하여 경영권 유지에 대한 방안도 별도로 고민해야 한다.

(13) 사업추진 일정

향후 주요 활동 및 일정, 주요 활동별 일정표를 첨부한다. 실제 사업추진에 필요한 일정을 고려하여 구체적이고 합리적인 사업 기간이 산출될 수 있도록 한다. 이를 통해 전체 사업준비 및 전개 시까지의 전체적인 일정을 확인할 수 있게 한다.

(14) 위험관리 및 특수 고려사항

계획대로 사업이 진행되는 것이 가장 바람직할 것이나 사업 주체의 의도대로 흘러가지는 않는다. 사업에 따른 위험성이 분명히 있으므로 예상되는 위험요인 및 대응방안, 경쟁강화에 따른 대응 전략, 개발 완료 이전 경쟁제품의 등장 가능성 및 대응방안, 혁신적 기술에 의한 시장잠식 위협 및 대책, 대체제의 시장진입 가능성 및 대응방안, 유동성 위기관리 방안 등이 포함되도록 한다. 이를 통해 사업추진 시 발생할 수 있는 돌발 상황에 대한 대처방안이 마련되어 있음을 사업계획서 심사자들에게 보일 필요가 있다.

(15) 기타 첨부서류

사업계획서의 타당성과 신뢰성을 확보하는 방안으로 작성 내용을 증명하는 다양한 서류들을 첨부하는 것이 좋다.

주요 경영자의 이력서, 본문에 소개된 내용의 참고자료 및 기타 인증서, 세부적인 분석 내용, 인건비 명세서, 감가상각비 명세서, 제품설명서, 특허권 사본, 제공 가능 담보물 내용, 설비 매입 견적서, MOU 사본 등이 될 수 있다.

3) 사업계획서 작성 시 유의사항

- 사업의 성공 가능성을 구체화하고 내부 역량을 강화
- 정확하고 정직하게 사실을 기술하고 투자자의 관점에서 작성
- 사업계획서 용도 및 독자의 관심 사항에 따라 강조점을 차별적으로 구성
- 간결하고 명확한 문장 및 단어를 사용하고 오 · 탈자에 유의
- 첫 장에서 마지막 장까지 내용과 수치의 일관성을 유지
- 비논리적인 주장을 피하고 확실한 근거와 사실에 근거하여 작성
- 계획한 사업에 내재한 문제점과 위험요소를 인식하고 대안을 제시
- 제품보다는 시장에 중점을 두고 작성(R&D 계획서가 아님을 명심)
- 막연한 낙관론보다는 실현 가능한 계획을 제시
- 가능한 한 전문용어의 사용을 자제하고 기술적 사항도 이해하기 쉽게 표현
- 객관적인 통계자료에 기초하여 예측치의 설득력 증대
- 재무자료 작성 시 구체적이고 논리적인 산출근거를 명시
- 목차, 강조 표시, 문자 크기, 폰트 등을 활용하여 강조사항을 부각
- 외부 전문가 자문을 통해 수정 및 보완

4) 설득적 문서 작성방법

(1) MECE의 원칙

MECE(Mutually Exclusive and Collectively Exhaustive, 상호배제 및 전체 포괄)는 개별 항목이 중복되거나 내용이 빠지지 않으면서도 하나가 된 전체를 표현해야 한다는 의미이다. 사업계획서 전체 또는 특정 장에 관해서도 같은 원칙이 적용되어야 한다.

(2) MECE의 활용

중복과 누락이 없다는 것은 단순하지만 비즈니스에 매우 효과적인 사고방식이며, 사업계획서 작성 및 추진에 있어 다음과 같은 질문에 대해 생각해 보아야 한다.

① 중복되어 효율성이 떨어지지 않는가?

사업계획서의 구성이 효율적이지 못한 경우 동일한 내용이 중복되어 설명되는 경우가 발생하며, 이는 사업계획서 검토자들에게 피로감을 주게 되고 사업성에 대한 평가도 낮아지게 하는 효과가 발생한다. 그러므로 동일 내용이 중복되어 소개되지 않도록 사업계획서의 구성을 효율성 있게 구성해야 한다.

② 누락되어 효과성이 떨어지는 것은 아닌가?

사업계획서를 작성하며 필요한 내용이 누락되어 사업의 매력도나 수익성 분석상 오류가 발생하면 작성된 사업계획서의 신뢰도가 낮아질 것이다. 사업계획서 작성 시 각 장(챕터)의 구성에 필요한 내용을 꼼꼼히 확인하고 누락되는 자료가 없도록 유의해야 한다.

③ MECE로 파악한 이후에 우선순위를 결정하고 있는가?

MECE의 원칙에 상관없이 해결책 등을 제시한 후 우선순위를 정하고자 하면 정해진 순서에 대한 질이 떨어질 수 있다. 그러므로 명확한 근거나 원칙을 제시한 이후에 사업추진에 대한 우선순위를 정리해야 한다.

(3) 로직 트리

로직 트리(logic tree)는 연역적으로는 문제의 원인을 심층적으로 분석하거나 해결책을 구체화할 때 또는 귀납적으로는 여러 가지 사실이나 정보로부터 상위의 개념이나 원칙을 도출하기 위해 사용한다.

(4) 문제해결 프로세스

사업의 모든 활동은 원칙적으로 문제해결 활동이기 때문에 사업적 논리로 말한다는 것은 문제해결 프로세스를 이야기한다고 볼 수 있다. 전략을 수립하거나 사업을 기획하는 문제는 결국은 문제해결 활동으로 정의할 수 있다.

4. 사업계획서의 평가

1) 피라미드 문서 구조화

피라미드 형태로 구조화된 로직 트리와 문제해결 프로세스는 문장이나 단어 간의 관계를 설정하는 데 활용된다. 이를 적절히 사용하면 사업계획서의 세부 내용을 구성하는 데 효과적으로 활용될 수 있다.

우선 피라미드 구조를 활용하여 전체적인 문서구성을 설계한다. 사업 문서를 전개할 때는 항상 결론으로부터 출발하여야 한다. 결론을 먼저 제시하면 상대방은 결론의 방향성을 염두에 두게 되고 이후 진행되는 내용에 관해 더 명확하게 일관성을 가지고 파악할 수 있다.

다음으로는 피라미드 구조로 도출된 결론으로부터 대제목, 중제목, 소제목 등을 전개하고 세부 단계의 목록을 작성한다.

원인과 결과 또는 프로세스와 같이 특정한 관계를 보여 주고 싶다면 다이어그램(diagram)을 적절하게 활용하고 숫자와 같은 정량적 정보가 있다면 차트와 같은 시각적 자료를 활용하면 사업계획서를 검토하는 이해관계자의 당 사업의 이해력을 높이는 데 효과적이다.

2) 사업계획서의 평가

사업계획서는 앞에도 다루었듯이 사업기회가 실재하는가, 성공할 수 있는가, 투자가치가 있는가에 대한 명확한 답변을 줄 수 있어야 한다. 다만, 답변들의 내용이 상당히 충실한데도 상대방으로부터 좋은 평가를 받지 못한다면 해당 사업계획서가 사업계획서로의 명확성, 신뢰성, 사업의 초점과 출구 전략을 제대로 전달하지 못하기 때문이다.

(1) 명확성의 부족

명확성이 부족한 사업계획서는 창업자 자신도 혼란스럽고, 세부 내용에 주의하지 못하고, 사업계획에 몰입이 떨어진다는 인상을 상대방에게 줄 수 있다. 나아가 이러한 인상은 실제 사업운영도 그럴 것이라고 부정적으로 예측하게 한다.

(2) 신뢰성의 부족

심지어 잘 작성된 사업계획서조차 신뢰성이 부족할 수 있는데, 신뢰성이 부족한 계획서는 작성자 스스로 사업을 잘 이해하지 못하고 사업 성공을 과신한다는 인상을 줄 수 있다. 신뢰성이 부족한 내용은 다음과 같다.

① 경쟁자가 역량이 부족할 것이라는 가정
② 경쟁자가 존재하지 않는다는 가정
③ 비현실적 매출 추정(예: 첫해에 매출이 없다가 갑자기 다음 해 치솟는 실적 추정)
④ 핵심적 정보의 생략(시장 현황 분석이 부족하거나 생략됨)
⑤ 경영진 또는 주요 임직원의 사업과 관련된 경험 부족

(3) 초점의 부재

사업의 자원은 제한되어 있는데, 상대적으로 너무 많은 제품과 서비스를 개발한다고 제시한 경우 발생한다. 열정이 과한 나머지 너무 많은 것을 하겠다는 것인데, 이 경우 투자자들은 사업이 기반을 잡기도 전에 회사의 자원이 모두 소진될 것으로 판단할 것이다.

(4) 출구 전략의 부재

주로 자본 투자자들의 관심 사항인데, 벤처캐피털은 통상 3~5년 이내에 그들의 투자를 회수하려고 한다. 따라서 투자 유치를 목적으로 사업계획서를 작성한다면 명확한 출구 전략이 포함되어야 한다.

CARD

Chapter 8

비즈니스모델

1. 비즈니스모델의 정의
2. 비즈니스모델 구조화 방법
3. 비즈니스모델 캔버스 작성 실습

Chapter 8

비즈니스모델

1. 비즈니스모델의 정의[1)]

1) 비즈니스모델이란 무엇인가?

비즈니스모델(Business Model)이란 돈을 버는 방법에 대한 것으로 '어떤 제품이나 서비스를 소비자에게 제공하여 어떻게 돈을 벌 것인가 하는 계획 또는 사업 아이디어'라고 할 수 있다.

개념 정의와는 다르게 비즈니스모델이 추상적인 이유는 포함하는 범위가 넓기 때문이다. 제조, 유통, 플랫폼, B2C, B2B, B2G 등 다양한 비즈니스 형태를 하나의 프레임으로 설명한다는 것 자체가 불가능한 일이다. 따라서 비즈니스모델을 구체화하기 위해서는 어떤 시장에 진입할 것인지를 포함하여 비즈니스를 구성하는 다양한 관점을 이해할 필요가 있다.

비즈니스모델은 바라보는 사람에 따라 상대적인 의미를 가진다. 테슬라 전기자동차는 제너럴모터스(GM)와 같은 내연기관 중심의 자동차회사에는 새로운 관점의 비즈니스모델이다. 테슬라는 자동차를 소프트웨어로 접근했기 때문에 하드웨어 중심의 자동차회사들을 무력화시킬 수 있었다.

그러나 소비자 관점에서 전기자동차는 기존의 차와 큰 차이가 없는 점진적 혁신에 해당한다. 휘발유에서 전기로 연료를 충전하는 방식만 바뀌었을 뿐 소비자 편익이 급진적으로 바뀐 것은 아니다. 원격으로 차량 소프트웨어를 업데이트하는 것은 멋진 경험이기는 하지만 자동차 이용에 대한 본질적인 방식의 변화라고는 할 수는 없다. 이처럼 비즈니스모델은 주도하는 사람에 따라, 비교 대상에 따라, 놓여 있는 상황에 따라, 기술의 발전 방향에 따라 관점이 달라질 수 있다.

실행하는 주체에 따라서도 비즈니스모델은 상대적인 의미를 지닌다. 신한은행과 카카오는 간편 송금 서비스를 제공하고 있지만, 두 기업이 간편 송금을 출시하기까지의 경로는 매우 다르다. 카카오는 카카오톡을 중심으로 성장한 IT 회사였기 때문에 카카오에 금융업은 여러 가지 제약조건을 해결해야 하는 큰 도전에 해당했다. 반면, 금융업이 주요 업무인 신한은행에 간편 송금 서비스 도입은 어려운 일이 아니었다. 카카오에 간편 송금은 기업이 걸어온 길을 크게 수정해야 하는 일이었지만, 신한은행에 간편 송금은 현재의 경쟁력을 확장하는 수준일 뿐이었다.

비즈니스모델은 시간의 흐름에 따라서도 상대적인 의미를 지닌다. 과거 아이폰은 산업 전반을 바꾸어 놓은 혁신이었지만 지금은 일반적인 것이 되었다. 아이폰이 처음 나온 이후 모든 것에 열광했던 사람들도 스마트폰 기술이 대중화되면서 이제는 몇 개의 기능이 조금씩 개선되는 정도에 불과하게 되자 더 이상 출시될 때마다 열광하지 않는다.

2) 비즈니스모델을 바라보는 관점

비즈니스모델은 하나의 단편적인 사건이 아니라 다양한 시각과 관점이 종합적으로 어우러져서 들여다볼 필요가 있다. 비즈니스모델을 (1) 경쟁으로 바라볼 것인가?, (2) 비경쟁으로 바라볼 것인가?, (3) 기업 중심의 내부 역량으로 바라볼 것인가? (4) 고객 중심의 경험으로 바라볼 것인가?, (5) 모든 것이 유기적으로 맞물려 있는 비즈니스모델 관점으로 바라볼 것인가에 대한 시각이 있다.

(1) 경쟁관점의 비즈니스모델

첫 번째는 비즈니스를 경쟁으로 바라보는 것이다. 경쟁관점을 설명하는 논리는 하버드 대학교 경영대학원의 마이클 포터(Michael Porter) 교수의 《경쟁우위》를 기초로 하고 있다. 마이클 포터 교수는 기업은 전체 시장에서 경쟁할지 아니면 시장을 좁혀 틈새시장에서 살아남을지를 결정하고, 이후 선택한 시장에서 '원가 우위로 싸울지', '차별화로 싸울지'를 결정해야 한다고 했다.

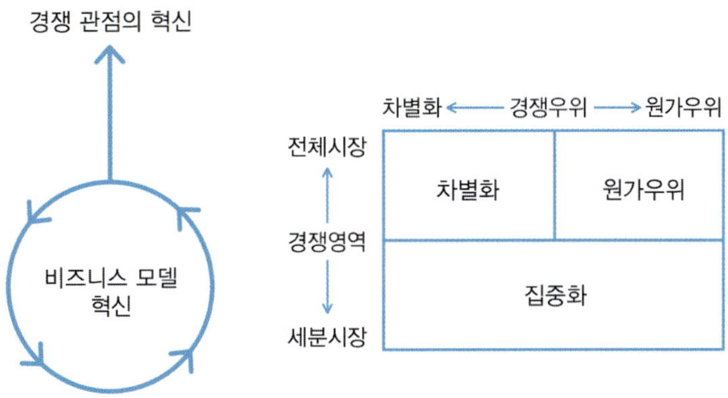

[그림 8-1] 경쟁관점의 비즈니스모델 혁신

원가 우위 전략, 차별화 전략, 집중화 전략은 지난 수십 년간 기업의 전략수립에 활용되어 온 방식이다. 하지만 디지털 기술이 발전하면서 경쟁의 양상과 패턴이 바뀌었다. 네이버와 구글처럼 서비스는 무료로 제공하고 이를 바탕으로 광고를 유치해 수익을 만들어가는 방식이나, 코스트코와 같이 제품은 낮은 가격으로 판매하지만 연회비를 받아 추가 수익을 만들어가는 방식 등은 기존의 경쟁전략으로는 설명되지 않는다. 카카오가 금융업을 새롭게 정의하고, 우버가 차량을 이용하는 방법을 바꿔 놓은 것처럼 경쟁을 정의하는 것 자체가 어려워지고 있다.

(2) 비경쟁관점의 비즈니스모델

두 번째는 비즈니스를 비경쟁으로 바라보는 것이다. 프랑스 인시아드 경영대학원 김위찬 교수가 제안한 블루오션 전략이 대표적인 비경쟁관점이다. 블루오션 전략에서는 기존에 존재하지 않던 신시장을 만들어내거나, 사용하지 않던 사람들을 사용자로 전환하여 차별화가 원가 우위를 동시에 달성할 수 있다고 이야기한다.

이를 위한 방법으로 'ERRC'라는 프레임을 활용한다. 'ERRC'는 Eliminate(제거), Raise(증가), Reduce(감소), Create(창조)의 영문 첫 글자를 의미한다. 필요 없는 것을 제거(Eliminate)하거나 감소(Reduce)시키는 것으로 원가 우위를 만들고, 고객이 중요하게 생각하는 가치를 증가(Raise)시키거나 새롭게 만들어 내는(Create) 것으로 차별화를 만드는 것이다.

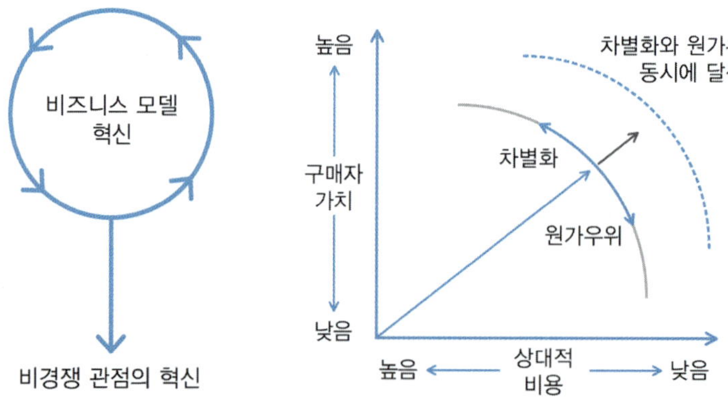

[그림 8-2] 비경쟁관점의 비즈니스모델 혁신

(3) 내부 역량 관점의 비즈니스모델

세 번째는 내부 역량 관점에서 비즈니스를 바라보는 것이다. 비즈니스는 그럴듯한 아이디어로 하는 것이 아니다. 내부 역량을 고려하지 않은 비즈니스모델은 그럴듯한 말장난에 불과할 뿐이다. 비즈니스모델을 현실화하기 위해서는 연구개발, 생산, 판매, 마케팅, 고객 관계, 브랜드 등을 고려해야 한다.

내부 역량을 끊임없이 혁신한 기업으로 도요타를 들 수 있다. 도요타는 자동차는 등급에 따라 판매가격이 이미 정해져 있다고 가정한다. 아무리 훌륭한 기술, 혁신적인 서비스라도 이용자에게 적절한 가격에 제공되고 보급되지 않으면 가치를 상실한다고 보기 때문이다.

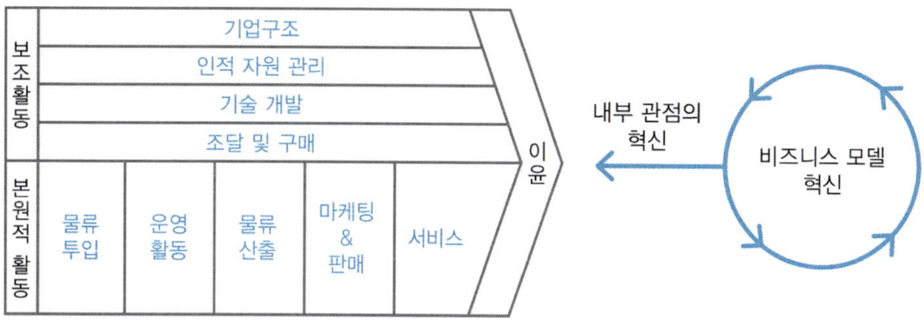

[그림 8-3] 내부역량 관점의 비즈니스모델 혁신

도요타의 원가절감이라고 하면 일반적으로 '낭비 제거'가 떠오른다. 하지만 기획, 설계, 공정별 상세설계가 잘못되면, 즉 최초 설계단계에서 원가를 고려하지 않은 채 부품이나 소재, 공정을 결정하고 나면 양산단계에서 원가를 절감하는 데 한계가 있다. 도요타가 다른 자동차회사와 다른 부분은 기획과 설계단계에서 최대의 원가절감을 달성한다는 점이다. 이를 두고 도요타는 "이익은 설계단계에서 모두 결정된다."라고 표현한다.

(4) 고객 경험 관점의 비즈니스모델

네 번째는 고객 관점에서 비즈니스를 바라보는 것이다. 비즈니스모델에서 중요하게 이야기하는 것 중 하나가 고객이다. 고객 관점의 혁신은 혁신 자체의 종착역으로 볼 수도 있다. '파괴적 혁신' 이론으로 유명한 크리스텐슨(Christensen) 교수의 말처럼 제품이나 서비스를 구매하는 이유는 대부분 그 제품을 갖고 싶어서가 아니다.

사람들은 어떤 일을 해결하기 위해 제품과 서비스를 구매한다. 혁신기술로 무장한 제품이나 수만 명의 소비자 조사를 통해 태어난 제품도 소비자의 외면을 받았던 사례는 무수히 많다. 변화하는 시장 환경과 고객에 맞추어 새로운 사업기회를 찾아야 할 뿐만 아니라 제품과 서비스를 혁신해야 한다.

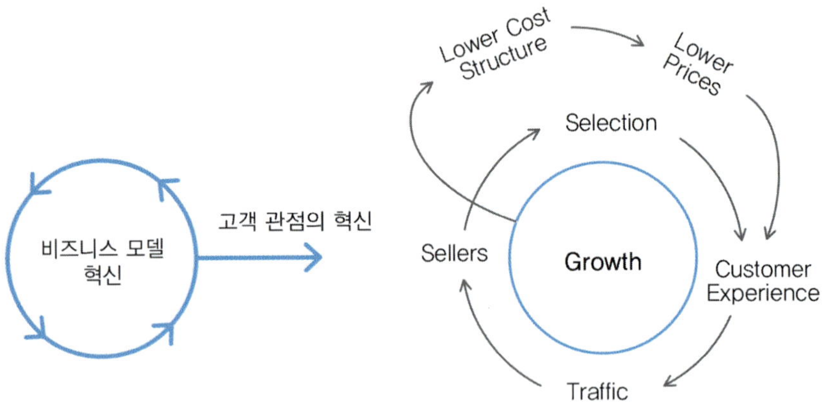

[그림 8-4] 고객 관점의 비즈니스모델 혁신

고객 관점의 혁신을 추구하는 기업으로 아마존을 들 수 있다. 아마존의 제프 베이조스(Jeff Bezos)는 성장(Growth)은 낮은 비용구조(Lower Cost Structure)와 낮은 가격(Lower Price)에서 나오고, 이는 곧 훌륭한 고객 경험(Customer Experience)으로 이어진다고 보았다. 또 훌륭한 고객 경험은 곧 홈페이지 트래픽(Traffic) 증가로 이어지고, 이를 통해 상품과 서비스 판매자들(Sellers)을 끌어들일 수 있으며, 궁극적으로 상품과 서비스 판매자가 늘어난 만큼 고객 경험의 질도 높아진다고 보았다. 이것이 베이조스가 냅킨에 그린 플라이휠(Flywheel)의 개념이다.

(5) 비즈니스모델 관점의 접근

다섯 번째는 비즈니스모델 관점이다. 산업과 업종이 달라서 정형화된 하나의 해답은 존재하지 않는다. 비즈니스를 경쟁관점과 비경쟁관점, 내부 역량 관점과 고객 경험 관점 모두를 고려해서 바라봐야 한다.

비즈니스모델 관점의 사고가 필요한 이유는 기업의 전략은 프로세스와 연결되어야 하기 때문이다. 어떻게 실행할 수 있을지는 고려하지 않은 채 새로운 것만을 발견하는 창의성은 무의미한 활동이다. 반대로 지금 당장 할 수 있는 일에만 집중하는 것 또한 기업의 미래를 불투명하게 만들 뿐이다.

비즈니스모델 관점의 혁신에서 고려되어야 할 것 중 하나가 '상호 관련성'이다. 카카오는 지도 정보에 많은 투자를 하고 있지만, 그 자체로는 수익구조를 만들어내기 어렵다. 그런데도 지도 정보에 투자하는 이유는 카카오 택시, 카카오 T 등 여러 서비스와 연계해 활용할 수 있을 만큼 가치가 높기 때문이다. 모르는 길을 찾거나 맛집을 검색할 때, 교통상황을 확인하거나 인근 주유소 휘발유 가격을 알고 싶을 때도 꼭 필요한 지도 서비스는 이동에 관한 모든 서비스의 기반이다.

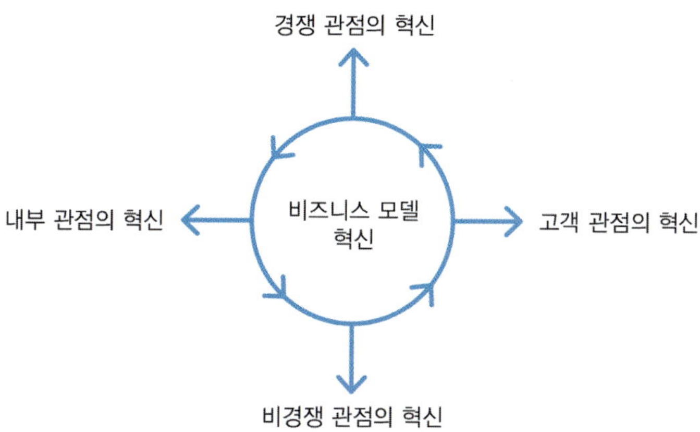

[그림 8-5] 비즈니스모델을 혁신하는 5가지 길(5BM-Innovation Ways)

사업단위 간 상호 관련성이 증가하는 요인으로 '기술'을 들 수 있다. 정보통신기술(IT)은 많은 산업에서 활용되면서 산업 간에 기술을 공유하도록 한다. 자동주문처리 시스템, 자동재고관리 시스템, 자동창고관리 시스템과 같이 기술이 적용되면 사업단위의 내용을 손쉽게 공유할 수 있다. 이는 다시 원가절감과 비효율 제거 등으로 이어지는데, 기술은 복잡성을 관리해 주고 가치활동의 공유작업을 더 단순하고 적은 비용으로 이루어지게 해준다.

2. 비즈니스모델 구조화 방법

아이디어를 사업화하기 위해서는 비즈니스에 필요한 다양한 요인이 고려되어야 한다. 사업모델을 어떻게 정의하느냐에 따라 비즈니스 구성요소가 달라지기 때문이다. 스타트업이 신규사업을 준비하고 있다고 가정해 보자. 거시환경, 산업환경, 경쟁 구도, 소비 트렌드 등의 다양한 것들을 고려해서 아이디어를 도출할 것이다. 해당 분야에 대한 경험이 있다면 상세하게 들어가 볼 수 있을 것이고, 관련 경험이 없더라도 몇 가지 질문들로 사업계획을 구조화할 수 있다.

1) 비즈니스모델 구조화를 위한 질문들

첫 번째는 아이디어에 대한 이해가 필요하다. 기술이 발전하면서 가능해지는 것들이 있고, 소비 트렌드가 변화되면서 나타나는 새로운 것들도 있을 수 있다. 해외에서 인기 있는 것을 국내로 들여오는 예도 있고, 사용자층을 확장해서 다각화하려는 것들도 있을 수 있다. 아이디어(또는 아이템)는 단계에서는 대략적인 경쟁우위가 이야기될 수 있어야 한다.

두 번째가 고객에 대한 것이다. 사람들에게는 지금 살아가는 방식이 있고, 다른 대체제도 존재하기 마련이다. 익숙한 것을 좋아하는 사람들은 자신의 행동을 바꾸려고 하지 않기 때문에 고객의 문제가 명확해야 한다. 우리가 할 수 있어서 하려는 것과 고객이 지닌 문제를 해결하려는 것은 결과물이 다를 수밖에 없다.

세 번째는 고객들이 구매하는 이유다. 이것을 '구매가치'라고 표현할 수 있다. 고객은 사용자로 불리는 User와 구매자로 구분할 수 있는 Customer가 있다. 실제 돈을 지급하는 Customer와 사용하는 User가 일치한다면 이야기는 쉽다. 그런데 Customer와 User가 일치하지 않는 경우는 매우 많이 있다. 대표적으로 B2B와 B2G 비즈니스는 Customer와 User가 일치하지 않는다. B2C에서도 아동용품, 실버용품, 반려동물용품 등은 Customer와 User가 다르다.

네 번째는 시장의 매력도도 살펴봐야 한다. 시장의 매력도는 시장성과 성장성을 중심으로 살펴볼 수 있다. 시장성과 성장성을 이야기할 때 주의할 것은 부분을 전체로 해석해서는 안 된다는 점이다. 예를 들어, IoT 반려동물 장난감을 만드는 기업이 시장성 데이터로 '반려동물 1000만 시대'와 같은 통계데이터를 가져오는 것이 부분을 전체로 해석하는 것이다. 우리가 설득하려는 고객은 반려동물 중에서도 실내에서 생활하면서 가족이 적은 1~2인 가구다. 그중에서도 IoT와 같은 것을 선호할 것 같은 사람들을 찾아서 제시해야 한다.

다섯 번째는 얼마의 돈이 필요한가이다. 새로운 비즈니스를 위해서는 많든 적든 돈이 필요하다. 시제품 제작 및 사업화 비용에는 어느 정도의 돈이 필요하고, 이것을 어떻게 조달할 것인지에 대한 계획이 필요하다. 잘 알고 있는 분야라면 실패비용이 적겠지만, 처음 시도해 보는 분야라면 계획했던 것보다 더 많은 돈이 필요하게 될 수 있다.

여섯 번째는 가격에 대한 것이다. 가격은 기업의 수익을 결정하는 가장 중요한 변수다. 판매가격을 10% 인상할 때 원가와 구매하는 고객이 변동이 없다고 가정하면 기업의 수익은 33% 이상 개선된다. 신제품을 개발해 수익을 발생시킬 수 있는 중요한 방법 가운데 하나가 '가격'임에도 이에 대한 심도 있는 고민이 부족한 게 현실이다. 이는 가격을 결정하는 황금률이 없는 데다 실질적인 지침도 거의 찾아볼 수 없기 때문이다.

일곱 번째는 사람에 대한 것이다. 창업자와 창업 멤버, 그들을 둘러싼 파트너 등의 네트워크가 비즈니스를 실행할 수 있는 역량이 있어야 한다. 어떤 문제를 해결하고 가능하도록 하는 것은 사람에 대한 문제이다. 그리고 지속적인 경쟁우위를 만들어가는 것도 사람에 대한 문제이다.

2) 아이디어를 플랜 A 비즈니스모델로

빈방을 가진 사람과 빈방이 필요한 사람들을 연결해 주겠다는 아이디어가 있다고 가정해 보자. 이것을 사업화하기 위해서는 빈방을 가진 사람과 빈방이 필요한 사람들의 '니즈(needs)'가 있는지를 시작으로 여러 가지 요인이 확인되어야 한다. 사람들이 정말로 이러한 문제를 지니고 있는지, 유사 방식과 비교할 때 차별점은 무엇인지, 어떻게 실행할 것인지, 투입되는 자원(시간, 돈, 사람 등)을 어떻게 조달할 것인지, 그리고 정말로 돈을 벌 수 있는지 등의 검토가 필요하다.

이때 아이디어를 사업계획서로 작성하는 것보다는 한 장의 그림으로 간단하게 표현하는 것이 필요하다. 관련된 요소를 하나씩 검증하는 과정에서 아이디어의 방향은 얼마든지 바뀔 수 있기 때문이다. 가능성과 방향을 검증하지도 않고 많은 시간을 들여 문서로 정리하는 것만큼 쓸모없는 일도 없을 것이다.

아이디어를 한 장의 장표에 구조화한 것을 '플랜 A'라고 하겠다. 플랜 A는 비즈니스모델이라기보다는 커뮤니케이션을 위한 도식화에 가깝다. 플랜 A는 현재 시점의 나의 가설로 검증과 구체화 과정에서 즉각적으로 수정 가능하다는 특징이 있다.

(1) 린 캔버스 방식 비즈니스모델

아이디어 구조화 방법론으로 가장 많이 사용되는 것은 '린 캔버스(Lean Canvas)'와 '비즈니스모델 캔버스(Business Model Canvas: BMC)'다. 린 캔버스는 애시 모리아(Ash Maurya)가 2012년도에 처음 선보인 방법이고, 비즈니스모델 캔버스(BMC)는 알렉산더 오스터왈더(Alexander Osterwalder)가 린 캔버스를 보완한 방법이다.

두 개의 방법론은 서로 비슷한 형태로 구성되어 있다. 차이점이라면 린 캔버스는 좌측의 항목이 시장의 문제와 솔루션에 초점이 맞추어져 있고, 비즈니스모델 캔버스는 파트너와 핵심활동, 핵심자원으로 구성되어 있다. 린 캔버스는 문제를 검증하는 방법이라면, 비즈니스모델 캔버스는 자원이 많은 기업을 위한 프레임에 가깝다. 따라서 아이디어를 구조화하는 단계라면 비즈니스모델 캔버스보다는 린 캔버스가 더 적합한 프레임이라고 할 수 있다.

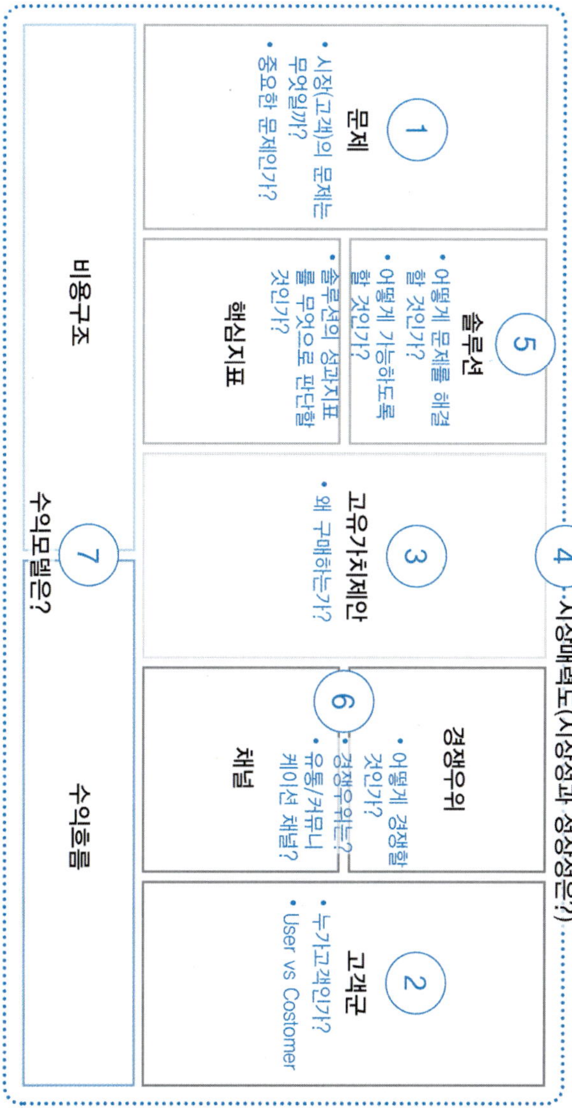

[그림 8-6] 비즈니스모델을 위한 질문과 린 캔버스 매칭

앞서 아이디어를 비즈니스모델로 구조화하기 위한 7가지 질문을 이야기했다. 일곱 가지의 질문인 1) 시장(고객)의 문제, 2) 고객군, 3) 구매 이유, 4) 시장 매력도, 5) 우리의 해결방안(솔루션), 6) 경쟁우위, 7) 수익모델을 린 캔버스에 대입시켜 보면 [그림 8-6]과 같이 매칭될 수 있다.

플랜 A에 해당하는 린 캔버스는 한 번의 작성으로 최적화된 해답을 찾자는 것이 아니다. 여러 사이클을 반복하면서 구조화하는 것이기 때문에 가능하면 앉은자리에서 한 번에 초안을 완성해야 한다. 잘 모르는 영역이 있다면 공란으로 둬도 괜찮다. 그리고 구구절절한 설명보다는 키워드 중심으로 간결하게 핵심만 표현하면 된다. 무엇보다 공급자(판매자) 중심이 아닌 고객 관점에서 접근되어야 한다.

(2) 비즈니스모델 캔버스(BMC)

알렉산더 오스터왈더가 고안한 비즈니스모델 캔버스(BMC)는 비즈니스에 포함되어야 하는 주요 사업 요소를 9개의 블록으로 구성한 프레임이다. 비즈니스모델 캔버스는 가치 제안을 중심으로 가치가 어떻게 고객에게 전달되고, 어떻게 수익을 만들 수 있는지를 중심으로 구성되어 있다. 고객에게 가치를 전달하는 부분에서는 기업이 어떤 가치를 고객에게 전달하는지 그리고 그 가치를 어떻게 전달하고, 고객과 어떻게 관계를 맺어 가는지 등에 관한 내용을 담고 있다. 어떻게 수익을 만들 수 있는가에 대해서는 어떤 자원과 활동, 파트너, 비용 등에 관한 내용을 담고 있다. 앞의 린 캔버스가 고객의 문제를 중심으로 가설을 검증하는 것에 초점이 맞추어져 있다면 비즈니스모델 캔버스는 주요 활동, 파트너, 주요 자원 등을 중심으로 실행에 조금 더 초점이 맞추어져 있다고 볼 수 있다.

Key Partners
- 클라우드 인프라 제공자(예: Amazon Web Services)
- 타사 소프트웨어 개발자 및 통합자
- 리셀러, 유통업체 및 계열사
- 학생 면허 및 교육프로그램을 위한 교육기관

Key Activities
- 지속적인 소프트웨어 개발, 혁신 및 제품 개선
- Creative Cloud 및 해당 애플리케이션의 마케팅 및 홍보
- 고객지원 및 참여 이니셔티브
- 파트너/공급업체와 협력

Key Resources
- 소프트웨어 애플리케이션, 특허 및 상표를 포함한 Adobe의 지적 재산
- 소프트웨어 개발 및 클라우드 인프라 기술 전문성
- 브랜드 평판 및 충성도 공급업체와의 파트너십

Value Proposition
- 최신버전의 소프트웨어를 항상 최신도구와 기능으로 사용할 수 있음
- 여러 기기에서 사용할 수 있는 유연성
- 추가 클라우드 스토리지, 공동 작업 기능 등
- 업계 최고의 크리에이티브 도구 및 서비스 제품군에 대한 액세스
- 유연한 가격 옵션 및 맞춤형 계획

Customer Relationships
- 동영상, 가이드, 포럼과 같은 셀프 서비스 리소스
- 채팅, 이메일 및 전화를 통한 전담 고객 지원
- 뉴스레터, 웨비나, 프로모션 제안을 통한 지속 참여
- Adobe 커뮤니티 포럼 및 소셜 미디어 존재

Channels
- Adobe 웹 사이트, Creative Cloud 플랫폼
- 기업 및 교육 고객을 위한 직접 영업 인력
- 리셀러 및 유통업체와의 파트너십
- 교육기관과의 협업

Customer Segment
- 전문 크리에이티브 (디자이너, 사진작가, 비디오 편집자 등)
- 마케팅 및 디자인 에이전시
- 스타트업/중소기업
- 대기업
- 교육기관 및 학생

Cost Structure
- 소프트웨어 개발, 유지 관리 및 클라우드 인프라 비용
- 마케팅 및 광고비
- 고객 지원 및 참여 활동
- 직원 급여 및 복리후생
- 데이터 보호 및 지식재산 관리를 포함한 법률 및 규정 준수 비용

Revenue Streams
- 개별 애플리케이션 또는 전체 Creative Cloud 제품군에 대한 월간 및 연간 구독료
- 학생, 기업 및 기업과 같은 다양한 고객 요금제
- 기업 및 교육 기관에 대한 라이선스 비용
- Adobe Stock 또는 Adobe Fonts와 같은 보완 서비스 수익

[그림 8-7] 어도비(Adobe)의 구독비즈니스 사례

(3) 가치전달 방식 비즈니스모델

가치전달 방식으로 비즈니스모델을 구조화할 수도 있다. 도서 《성공하는 스타트업을 위한 101가지 비즈니스모델 이야기》가 주로 가치전달 방식으로 비즈니스모델을 설명하고 있다. 시장에서는 판매하려는 사람과 구매하려는 사람들이 있기 마련이고 그들의 서로 주고받는 가치전달 방식으로 중심으로 표현하는 것이다.

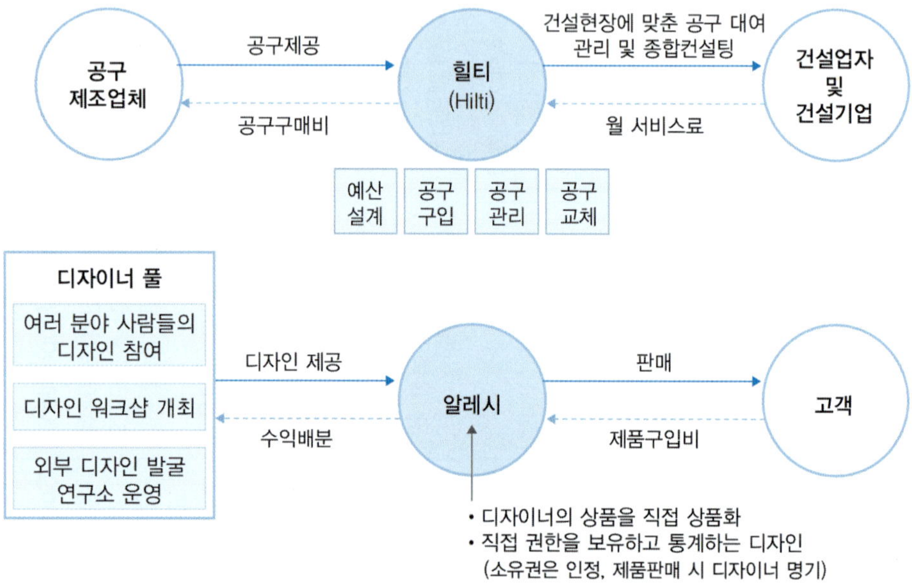

[그림 8-8] 가치전달 방식의 비즈니스모델

가치전달 방식은 아이디어 도출 초기에 생각을 구조화할 때 사용된다. 칠판이나 노트 등에서 비즈니스의 주체를 그려놓고 서로 무엇을 주고받는지를 중심으로 접근해 보는 것이다. 물론 가치전달 중심으로 구성되다 보니 비즈니스에 필요한 여러 요소를 표현하기에는 한계가 있다.

(4) 가치사슬 방식 비즈니스모델

실행 중심으로 비즈니스모델을 구조화하는 것은 가치사슬(value chain) 방식이다. 하나의 상품이 세상에 나오기 위해서는 원재료를 수급한 후 제조공장에서 만들어지고, 물류를 통해서 배송된 후, 마케팅을 통해서 판매되고, 고장이 나면 A/S가 진행되고, 상품의 수명이 다하면 폐기되는 일련의 시간적 흐름이 있다.

실행관점에서 원재료를 어떻게 확보할 것인지, 제조는 어떻게 할 것인지, 만들어진 상품을 어떻게 유통할 것인지, 현장에서 어떻게 판매할 것인지, 판매 이후 A/S는 어떻게 할 것인지를 적어보고 이에 필요한 핵심활동과 핵심자원을 적어보는 것이 가치사슬 방식이다. 그리고 상단에 목표하는 고객과 그들이 구매하는 이유에 대한 구매가치를 적어보는 형태다.

[그림 8-9]는 포토샵 등으로 유명한 어도비(Adobe)사의 구독 비즈니스모델에 대한 가치사슬을 정리해 본 것이다. 어도비는 2013년에 기존의 영구 라이센스 모델에서 구독 기반 비즈니스모델로 전환했다. 이를 위해 Adobe Creative Cloud를 출시했다. Adobe Creative Cloud 구독 모델은 고객에게 Photoshop, Illustrator, InDesign, Premiere Pro와 같은 인기 있는 제품을 포함하여 소프트웨어 애플리케이션 및 서비스 제품군에 대한 액세스를 제공한다.

어도비는 1) 현금 흐름을 안정시키고 장기적인 성장을 지원하는 데 도움이 될 수 있는 예측 가능하고 반복적인 수익 흐름, 2) 지속적인 참여, 지원 및 제품 업데이트를 통해 더 강력한 고객 관계를 구축할 수 있는 능력, 3) 고객이 전체 Adobe 제품 및 서비스에 더 익숙해짐에 따라 교차 판매 및 상향 판매 기회가 향상, 4) 구독 모델을 사용하면 사용자가 Adobe 제품의 무단 사본에 액세스하기가 더 어려워지므로 소프트웨어 불법 복제가 감소하는 등의 효과를 거두었다.

가치사슬은 시간 흐름으로 구성되어 있어 어떻게 실행하는지에 대한 것을 더욱 직관적으로 볼 수 있는 특징이 있다. 다만 린 캔버스와 비즈니스모델 캔버스처럼 비용구조와 수익구조 등을 표현하지 못한다는 한계는 갖고 있다.

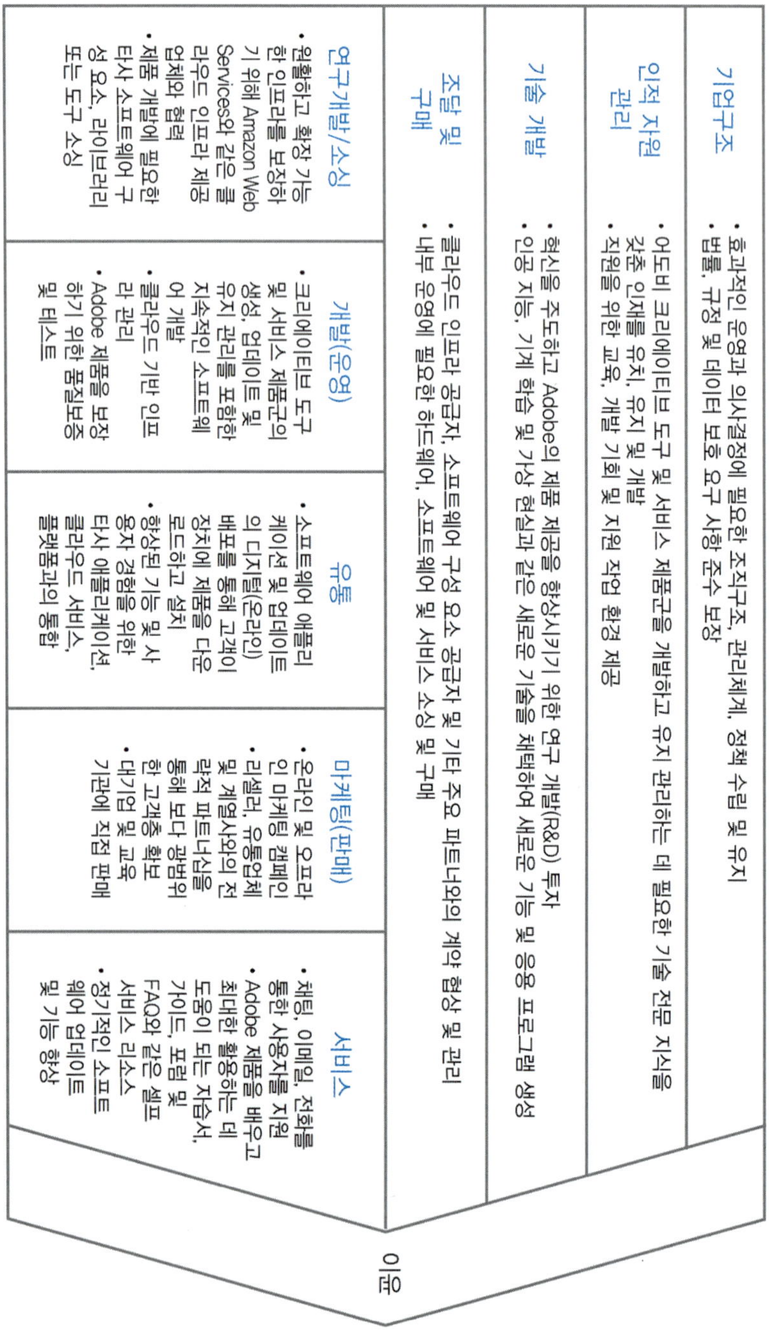

[그림 8-9] 가치사슬 중심의 비즈니스모델 도식화

3. 비즈니스모델 캔버스 작성 실습

9개의 블록으로 구성된 비즈니스모델 캔버스는 크게 타깃(Target), 가치(Value), 역량(Capability), 수익모델(Revenue Model)로 묶어볼 수 있다.

타깃은 고객 세분화(Customer Segment), 고객 관계(Customer Relationship), 채널(Channel)로 세분화하여 표시할 수 있고, 역량은 핵심 활동(Key Activities), 핵심자원(Key Resources), 핵심 파트너(Key Partnerships)로 세분화해 있다. 수익모델은 비용구조(Cost Structure)와 수익구조(Revenue Stream)로 구성되어 있다.

비즈니스모델 캔버스도 린 캔버스와 같이 아이디어 등을 한 장의 종이에 간략히 표현할 수 있는 커뮤니케이션 도구다. 가지고 있는 특징과 한계점을 인식하고 사용한다면 비즈니스모델을 구체화하는 과정에서 커뮤니케이션에 큰 도움이 된다.

실습 8-1 캔버스 9개 블록

<table>
<tr><td rowspan="2">Key
Partners</td><td>Key
Activities</td><td rowspan="2">Value
Proposititon</td><td>Customer
Relationships</td><td rowspan="2">Customer
Segments</td></tr>
<tr><td>Key
Resources</td><td>Channels</td></tr>
<tr><td colspan="2">Cost
Stucture</td><td colspan="3">Revenue
Streams</td></tr>
</table>

CARD

Chapter 9

창업 마케팅

1. 창업 마케팅 개념
2. 마케팅 관리 개념의 변화
3. 시장 세분화와 목표 고객 선정
4. 소비자들에게 어떤 포지션으로 인식되고 싶은가
5. 마케팅 실행을 위한 4P 전략

Chapter 9 창업 마케팅

1. 창업 마케팅 개념[1)]

"제품 개발이 끝나서 이제 마케팅 활동을 해야 하는데요?", "요즘은 어떤 마케팅이 효과적인가요?"처럼 마케팅을 광고나 영업 활동으로 생각하는 경향이 많다. 그러나 이것은 빙산의 일각으로 마케팅을 바라보는 것이다. 마케팅은 상품개발, 포장, 패키징, 브랜드, 유통, 광고, 홍보, 가격결정, 인적판매, 판촉 활동 등을 모두 포괄하는 것으로 소비자 욕구와 필요를 충족시켜주는 활동을 의미한다.

과거에는 '품질만 좋으면 그만이지'라고 생각했으나 이제는 디자인도 예뻐야 하고, 상품에 담긴 스토리도 필요하고, 입소문도 중요하다. 시장에서 성공하는 것은 단지 상품의 품질 때문만은 아니라는 인식의 전환이 필요하다. 더불어 상품을 판매자 관점이 아닌 소비자 관점에서 바라볼 수 있어야 한다.

마케팅의 개념은 주장하는 사람이나 단체에 따라 조금씩 차이를 보이고 있지만 기본적으로 욕구, 필요, 수요, 제품, 서비스, 가치, 만족, 교환, 시장을 핵심개념으로 하고 있다.

1) 욕구, 필요, 수요

욕구(needs)란 있어야 할 것이 없어지거나 모자란 상태를 말한다. 배가 고프면 음식에 대한 욕구가 생기고, 추운 날에는 따뜻한 옷에 대한 욕구를 느낀다. 회사나 단체 등에 소속되고자 하는 것은 안정에 대한 욕구이며, 소비자들이 특정 상품이나 서비스를 구매하게 되는 것도 욕구를 느끼기 때문이다.

필요(wants)는 욕구를 해소할 수 있는 상품에 대한 구체적인 바람으로 문화, 사회, 전통에 영향을 받는다. 배가 고플 때 한국 사람과 미국 사람이 먹고자 하는 음식에 차이가 있는 것과 같다. 필요는 소비자가 처한 사회, 문화, 전통 등에 의해 형성되고 시대의 흐름에 따라 변형된다.

수요(demands)는 구매력에 의해 뒷받침되는 것이다. 지갑 속에 1만 원밖에 없다면 고가의 레스토랑보다는 가지고 있는 돈으로 음식을 먹을 수 있는 곳을 찾을 것이다. 수요는 소비자의 구매력에 의해 결정된다고 볼 수 있다. 따라서 기업은 고객이 누구인지를 명확히 분석하여 그들의 구매력에 맞는 가격으로 상품을 제공해야 한다.

2) 제품, 서비스

제품, 서비스, 상품 등의 비슷한 용어를 서로 혼동해서 사용하지만 서로의 뜻은 명확한 차이가 있다. 제품이란 핸드폰, 자동차, 음료수 등과 같이 공장에서 만들어진 유형적인 상품을 의미하고, 서비스란 미용실에서 제공하는 헤어 컷(hair cut)과 네이버 검색 서비스와 같은 무형의 상품이나 아이디어를 의미한다.

소유권에 따라서도 제품과 서비스는 구분된다. 노트북은 구매와 동시에 소유권이 넘어가지만, 미용실에서 제공받는 헤어 컷은 소유권이 이전되지 않는다. 제품과 서비스는 유·무형에 따라 소유권에 따라 구분될 수 있지만, 소비자의 욕구와 필요를 충족시켜줄 수 있다는 점에서 상품이라는 공통점이 있다.

3) 가치, 만족

어떤 소비자가 핸드폰을 바꾸어야 한다면 애플, 삼성전자, LG전자 등의 상품 중에서 자신의 욕구와 필요를 가장 잘 충족시켜줄 수 있는 대안을 찾게 된다. 그 대안들 중에서 소비자는 시간적 · 금전적 비용의 혜택이 가장 큰 상품을 선택할 것이다. 만약 아이폰을 사용하던 사람이 갤럭시S로 바꾸게 된다면 그것이 가장 가치 있다고 생각했기 때문이다. 이처럼 가치(value)란 소비자가 지불하는 비용의 대가로 받는 혜택(benefits)을 의미한다.

만족(satisfaction)은 소비자의 욕구와 필요가 얼마나 충족되었는지를 의미한다. 만족은 구매 전에 가지고 있던 그 상품에 대한 기대와 구매함으로써 실제로 받은 혜택이 얼마나 되는지의 비교에 의해 결정된다. 노트북을 새롭게 구입한 사람이 기대했던 것보다 실제 성과가 좋으면 만족할 것이고 그렇지 않으면 불만족을 느낄 것이다.

4) 교환

교환(exchange)이란 자신이 원하는 혜택을 얻기 위해 어떤 대가를 지불하고, 서로 주고받는 것을 의미한다. 교환은 서로 간의 동의와 이익을 기본으로 한다. 어떤 소비자가 100만 원을 주고 노트북을 구입한다면 소비자는 100만 원을 지불함으로써 자신의 생산성이 향상될 것으로 기대하기 때문이고, 노트북을 판매하는 사람은 이를 통해 수익을 창출할 수 있기 때문이다. 만약 소비자가 100만 원짜리 노트북을 50만 원으로 구입하려 한다면 판매되지 않을 것이고, 마찬가지로 50만 원짜리 노트북을 100만 원에 판매하려 한다면 소비자는 구매하지 않을 것이다. 교환은 교환 당사자들을 교환 이전의 상태보다 더 나은 상태로 만들어 줄 수 있을 때 성사된다. 교환은 단기적인 의미의 거래(transaction)와 장기적 의미의 관계(relationship)를 모두 포괄한다. 최근의 마케팅은 단기적 거래의 성격보다는 장기적 관계구축으로 변화하고 있다.

5) 시장

동대문시장, 남대문시장처럼 교환이 일어나는 곳을 시장(market)이라 한다. 시장은 물리적 장소에 국한되는 것이 아니라 사이버시장, 자금시장, 탄소시장, 금융시장처럼 구매자들의 집합 또는 소비자들의 집합을 의미한다. 일반적으로 시장에서 가격도 결정된다.

2. 마케팅 관리 개념의 변화

1) 판매의 시대에서 고객 중심의 시대로

사려는 사람과 판매하려는 사람에 따라 마케팅의 의미도 변화되고 있다. 1970년대처럼 판매하는 사람보다 사려는 사람이 많을 때는 더 많이, 더 싸게 만드는 것이 중요했다. 최고의 품질과 성능을 가진 상품을 만들려고 했고, 이러한 활동은 연구개발 담당자나 엔지니어가 주도했다. 이때의 마케팅은 품질, 생산성, 유통망 확보 등을 의미했다. 품질과 생산성의 확대로 부족했던 공급이 늘어나면서 기업의 마케팅 활동은 공격적인 영업과 촉진 활동으로 변화되었다. 판매의 시대로 기업이 만든 상품을 단순 판매하는 것이 마케팅의 최대 목표였다.

기술의 발달과 세계화로 인해 공급이 수요를 초과하면서 기업 중심적 마케팅 활동은 고객 중심으로 변화되기 시작했다. 기업은 A/S 등의 고객서비스를 강화하고 고객의 필요와 욕구를 충족하며 고객의 문제해결 목표로 삼고 있다. 제품의 종류가 많지 않고 판매자도 몇 명만 있다면 제품은 알아서 판매된다. 그러나 제품의 종류가 다양해지고 판매자도 많아진다면 소비자는 어떤 제품을 사야 하는지 어려움을 겪게 된다. 제품을 판매하는 사람도 소비자의 선택을 받아야 하기 때문에 어려움을 겪기는 마찬가지이다. 단순 영업 활동으로 여겨졌던 마케팅 활동이 보다 고도화되기 시작한 것이다.

최근에는 기업의 사회적 책임이 강조되고 있다. 자연을 훼손하거나, 임금을 착취하거나, 소비자를 무시하면 사람들은 즉각적으로 힘을 모은다. 사회 전체의 이익과 소비자 욕구 충족, 기업 이윤 간의 조화와 균형을 잡는 의사결정이 필요해진 것이다.

2) 4P → 4C → 4E 시대로

산업혁명을 겪고 제조업에서 서비스 경제로 이동한 것처럼, 현재는 경험이라는 분야로 이동이 일어나고 있다. 지금까지는 고객으로 하여금 제품 및 서비스의 질을 판단하여 가장 큰 이익을 얻을 수 있도록 하는 의사결정을 했다면, 제품과 서비스가 점차 상향 평준화되어 감에 따라 가격, 기술, 품질, 서비스 영역을 넘어 새로운 차별적인 요소를 만들어 내지 못하면 생존할 수 없는 시대가 되었다. 부가가치의 원천이 '양보다 질'에서 '질보다 감성'으로 진화하고 있는 것이다. 앞으로는 고객에게 독창적이고 높은 감성적 부가가치를 제공해야만 경쟁에서 살아남을 수 있을 것이다.

〈표 9-1〉 마케팅 관리 개념의 변화

전통 산업사회(4P)	소비자 정보사회(4C)	경험경제사회(4E)
• Product(제품) • Price(가격) • Place(유통) • Promotion(촉진)	• Customer Benefits(소비자 혜택) • Cost to Customer(소비자 기회비용) • Convenience(편리성) • Communication(커뮤니케이션)	• Evangelist(고객전도사) • Enthusiasm(열광) • Experience(체험, 경험) • Exchange(교환)

전통 산업사회에서 4P로 정의되던 기업의 마케팅 믹스는 소비자 중심 정보사회의 4C를 거쳐 경험경제시대의 4E로 발전하고 있다. 4P(product, price, place, promotion)는 1950년대 후반 제롬 맥카시(J. Mccarthy)가 생산자 중심의 산업화 사회에 적합하도록 제시한 개념이며, 4C(customer benefits, cost to customer, convenience, communication)는 필립 코틀러(P. Kotler)가 정보화시대에 맞도록 제시한 개념이다. 이에 비해 신경제학자인 도널드 칼네(D. Calne)는 감성사회에 맞는 4E(evangelist, enthusiasm, experience, exchange)를 제시했다.

3. 시장 세분화와 목표 고객 선정

1) 시장 세분화의 필요성

수십 년 전만 해도 일상생활에서 사용하는 치약의 종류는 많지 않았다. 그러나 이제는 충치, 잇몸병, 치석, 시림, 성장기 어린이용 등으로 세분화되어 치약의 종류는 수십 가지가 넘는다. 이러한 현상은 소비재에서 더 크게 나타나고 있다. 애플워치를 찬 손으로 아이폰을 들고, 가방에는 아이패드와 맥북을 넣고 다닌다. 아이폰, 아이패드, 맥북, 애플워치를 동시에 사용하는 사람에게 "그것들을 다 사용하세요?" 라고 물어보면 각각 어떤 역할을 하고 어떠한 편리함을 주는지 장황하게 설명할 것이다. 시장이 점점 세분화되고 있는 것이다.

시장이 세분화되고 있는 가장 큰 이유는 삶의 질이 윤택해졌기 때문이다. 소득수준이 높아지고 먹고 살만 해지면서 이제는 하나를 소비해도 내가 좋아하고 나와 맞는 것을 소비한다. 기업 입장에서 보면 과거처럼 하나의 상품을 여러 사람에게 동시에 어필하는 시대는 끝나가고 있음을 의미한다. 한편으로 무엇인가 새로운 상품으로 시장을 공략하려는 기업에게 기회요인이 되기도 한다. 물론 기존 기업도 아직까지 채워지지 않은 소비자 니즈를 발굴하여 새로운 시장을 개척할 수 있다.

시장 세분화와 목표 고객 선정이라는 개념은 몇 십 년 전부터 이야기되어 오던 것으로 새로울 것은 없다. 그럼에도 시장 세분화와 목표 고객의 중요성을 계속 이야기하는 것은 이를 통해 마케팅 활동을 할 수 있기 때문이다.

예를 들어, 하나 이상의 상품으로 사업을 영위 중인 기업이라면 이들을 유지하면서 새로운 사용자를 늘리는 것이 중요하다. 만약 경쟁자의 고객을 유입해야 한다면 이들이 우리 제품을 구매하도록 하는 데 드는 노력, 즉 전환비용을 충분히 보상하고 남을 만한 이익을 얻을 수 있도록 포지셔닝을 해야 한다. 시장이 포화상태라면 비사용자를 사용자로 전환해야 한다. 이 경우 비사용자가 왜 해당 상품군을 사용하지 않는지에 대한 충분한 분석이 필요하다. 이처럼 기업의 상황에 따라 마케팅 활동은 달라지고, 마케팅 활동은 시장 세분화와 목표 고객층에 의해 또 달라진다.

시장 세분화와 목표 고객 선정이 중요한 두 번째 이유는 특정 시장을 공략할 때 이 시장과 관련된 비용과 기대수익에 초점을 맞출 수 있기 때문이다. 단기적으로는 현재 사용자들에게 접근하는 것이 가장 쉽고 수익성도 높다. 그러나 '태양의 서커스'처럼 비사용자를 사용자로 전환시키면 새로운 시장을 형성하면서 브랜드를 장기적으로 유지하는 데 도움이 된다.

2) 시장 세분화 전략

시장 세분화 방법론에 앞서 시장 세분화 전략이 필요하다. 시장 세분화 전략은 현재 브랜드 사용자를 활용하는 전략, 경쟁사의 고객을 활용하는 전략, 비사용자를 활용하는 전략, 새로운 가치를 창출하는 전략으로 나누어서 접근해 볼 수 있다.

첫 번째, 현재 브랜드 사용자를 활용하는 전략이다. 애플이 아이팟에서 아이폰으로, 아이패드로, 애플워치로 확장하는 것처럼 기존 고객을 장기간 유지시키는 전략이다. 고객유지율을 5% 늘릴 경우 기업의 수익은 100%까지 증가할 수 있다고 한다. 기존 제품 사용자들은 제품에 대한 좋은 기억을 가지고 있고, 이는 재구매로 연결된다. 이는 많은 사람이 지금까지의 경험에 기초해서 의사결정을 한다는 사실을 염두에 둔 것이다. 소비자에게 긍정적인 브랜드 경험을 제공하는 회사라면 현재 브랜드를 적극적으로 활용해서 더 많은 소비를 하도록 해야 한다. 물론 출발점은 현재 그 제품을 사용하고 있는 고객을 조사하는 것에서부터 시작되어야 한다.

두 번째, 경쟁사의 고객을 활용하는 전략이다. 일반적으로 통신산업과 같은 성숙기 시장에서 많이 사용된다. TV광고를 보면 KT는 SKT를 공격하고, SKT는 KT를 공격해서 서로의 고객을 빼앗아오려고 한다. 이 전략의 성공 여부는 경쟁사의 제품보다 우리의 제품이 우월하다는 것으로 소비자에게 설득시키는 것에 달려 있다. 그러나 모든 제품과 서비스가 상향 평준화되면서 소비자를 설득시키기 어려운 경우가 대부분이다. 만약 우리가 우월하다고 제시하는 제품의 장점이 소비자들에게 설득되지 않으면 오히려 경쟁자의 공격을 받게 된다. 경쟁사의 공격에 의한 시장점유율 감소를 막기 위한 경우라면 더 큰 타격이 되기도 한다.

세 번째, 비사용자를 활용하는 전략이다. 이는 《블루오션전략》에서 제시하는 개념과 같다. '태양의 서커스'는 서커스에 관심 없었던 일반 성인을 고객으로 전환시켰다. 동물을 중심으로 아이들이나 보는 서커스에서 사람의 몸짓으로 표현하는 예술로 승화시켜 새로운 고객층을 만들어 냈다. 이 전략은 시장이 이미 포화상태이거나 강력한 경쟁자가 시장을 지키고 있을 경우에 효과적이다. 물론 해당 제품을 사용하지 않는 사람들을 대상으로 한 마케팅 기회를 분석해 보는 것이 필요하다. 고려해 볼 만한 비사용자 집단은 해당 제품군 시장에 처음 들어오는 사람들이다. 이때 마케팅 목적은 고객을 당신의 브랜드로 끌어오는 것이다.

네 번째는 어떠한 고객 기반도 없고 확립된 가치 창출도 없는 경우 활용할 수 있는 새로운 가치를 창출하는 전략이다. 대표적인 예로 '스타벅스'를 들 수 있다. '스타벅스'는 커피보다는 공간을 판매했다. 집과 사무실 외에 편하게 머무를 수 있는 제3의 공간이 되고자 한 것이다. 많은 커피 브랜드들이 원두의 재배방식에 의한 뛰어난 맛과 같은 이성적인 편익에 초점을 맞춘 것과는 큰 차이가 있다. '스타벅스'는 단순히 커피를 마시는 고객들이 아니라 편하게 쉬었다 갈 수 있고, 무엇인가 기분전환이 필요한 사람들을 표적으로 삼았다. 사람들의 내면적인 동기와 목적을 관찰하여 지금까지 해결해 주지 못한 문제를 해결해 준 것이다.

3) 시장 세분화 전략을 실행할 수 있는 방법론

시장 세분화 전략이 실행되기 위해서는 제품 사용과 관련된 요인들을 알아야 한다. 이러한 것을 시장 세분화 기준변수라 한다. 인구통계학적 변수로 연령, 성별, 지역, 가족 구성단위, 가족 생활주기, 개인 또는 가족 소득, 직업, 학력 등이 있다.

인구통계학적 변수는 누가 그 제품군, 그리고 그 브랜드를 사용하는지를 찾아내어 어떤 매체에 제품을 유통시키고 어디에 광고를 해야 하는지를 알려준다. 심리적 변수로는 사회계층, 라이프 스타일, 개성 등이 있다.

구매행동 변수로는 사용기회, 사용경험, 사용량, 브랜드 충성도 등이 있다. 제품의 사용 상황에 따른 변수와 심리적 효익 등 추구하는 요익에 의한 변수도 있다.

시장 세분화 방법론에서 유의할 것은 각각의 세분시장은 측정 가능하고 접근 가능해야 한다는 점이다. 또한 의미 있는 시장 규모와 차별적 반응의 요건을 갖추어야 한다.

4) 선택과 집중은 비즈니스의 기본

시장을 세분화하다 보면 다양한 기회가 보이게 된다. 그러나 기업은 가용할 수 있는 자원, 즉 시간과 돈 문제 때문에 모든 시장을 공략할 수 없다. 선택과 집중은 비즈니스의 기본이다. 물론 시장기회를 무시하는 것은 어렵고도 고통스러운 일이다. 다양한 가능성을 남겨 놓으면 성공 확률도 높아질 수 있고, 최선의 선택이 잘못되는 것을 감안하면 차선책도 필요하다.

집중을 방해하는 어리석은 집착이 성공 가능성을 낮춘다. 고통스럽겠지만 단 하나의 시장만을 선택한 후 다른 유혹은 외면하는 절제력이 필요하다. 선택과 집중이 포지션을 명확히 하고, 이를 통해 안정적이고 용이한 현금 흐름이 창출된다. 조그맣더라도 하나의 시장에서 지배력을 확보하면 인접한 시장을 공략할 수 있다. 다음의 일곱 가지 기준[2)]을 적용해서 목표시장을 선정할 수 있다.

1) 목표 고객의 지불 능력은 충분한가?
2) 목표 고객이 판매조직에 쉽게 접근할 방법이 있는가?
3) 목표 고객이 구매할 수밖에 없는 이유는 무엇인가?
4) 협력업체와 함께 완제품을 당장 출시하는 것이 가능한가?
5) 난공불락의 경쟁자가 버티고 있는가?
6) 세분시장의 성공을 발판으로 다른 시장으로 진출할 수 있는가?
7) 가치관, 열정, 목표에 부합하는 시장인가?

목표시장 선정에서 주의할 점은 너무 큰 시장은 공략하기 어렵다는 점이다. 큰 시장에는 대기업과 글로벌 기업이 기다리고 있기 때문이다. 처음 수영을 배우는 사람이 박태환과 시합한다면 좋은 경험은 될 수 있어도 금세 포기해버리고 말 것이다. 나보다 조금 뛰어난 사람과 시합을 해야 경쟁심리도 생기고 실력도 향상된다.

일단 시장에 진입해 보면 거기에서 다양한 세부시장을 또 찾아낼 수 있다. 너무 작은 시장을 공략하는 것은 아닌지 걱정할 필요는 없다. 주어진 시간 동안 주어진 자원을 최적으로 사용하고 싶으면 시장을 좁히고 좁혀야 한다.

그렇다면 얼마나 좁혀야 충분한 걸까? 다음의 세 가지 조건을 충족시킬 때까지 시장을 세분화해야 한다. ① 시장 내에 고객은 모두 유사한 제품을 구매한다. ② 고객에 대한 영업 주기가 유사하고 제품에 대한 기대 가치도 비슷하다. 따라서 한 고객에게 적용한 영업 전략을 다른 고객에게도 적용해 추가적인 비용이나 노력 없이 큰 효과를 거둘 수 있다. ③ 고객 사이에는 입소문이라는 강력한 구매 준거 기준이 존재한다. 가령 고객은 같은 협회 소속이거나 동일한 지역에서 활동하는 경우가 많다. 만약 잠재시장이 고객 간 소통이 이루어지지 않는 곳이라면 고객을 유인하기 매우 어렵다.[3)]

하나의 시장만을 선택하라. 그리고 고객 모두 유사한 제품을 구매하고, 고객에 대한 영업 주기와 제품에 대한 기대치가 비슷하며, 고객 사이에 입소문이라는 강력한 구매 준거 기준을 모두 충족시키는 완전히 동질적인 시장을 찾을 때까지 계속 세분화하라. 집중만이 살길이다.

4. 소비자들에게 어떤 포지션으로 인식되고 싶은가

1) 소비자 마음속에 위치하기

'세상에 변하지 않는 것은 없다'라는 사실만이 유일한 사실이다. 모든 것은 변한다. 사랑하는 마음도 변하고, 평생 같이 할 것 같던 우정도 변한다. 사람들은 태어나고, 학교를 다니고, 일을 갖고, 결혼을 하고, 아이를 낳는 등 나이를 먹어가면서 새로운 기호와 가치가 생겨난다. 새로운 필요가 생겨나면서 욕구에 대한 우선순위도 바뀐다.

기업을 둘러싼 환경도 변한다. 새로운 기술이 나타나고, 예상하지 않았던 곳에서 경쟁자가 나타나기도 한다. 사회의 요구에 따라 법과 제도가 바뀌기도 한다. 변화 속에서도 지속적 성장을 위해 꾸준한 모니터링을 하는 기업이 있는가 하면, 많은 기업은 당장 현재의 생존을 위해 미래를 내다보지 못한다.

정보통신기술의 발전, 글로벌화, 소셜미디어의 일반화로 변화에 가속도가 붙고 있다. 사람들의 구매방식과 판매방식, 사람들이 원하는 제품과 서비스, 커뮤니케이션 방식, 제품을 받아들이는 방법, 비용을 지불하는 방식까지 바뀌고 있다. 변화는 정부, 기업, 개인을 모두 에워싸고 있다.

변화 속에서도 꾸준히 살아남는 기업과 개인을 보면 색깔이 명확하고 시대 흐름에 맞춰 색깔을 변화시키는 곳이다. 이 색깔에 대한 것을 포지셔닝(positioning)이라고 할 수 있다. 포지셔닝은 고객의 마음속에 자사 제품의 위치를 잡아주는 것이다. 카카오톡은 가까운 지인 위주의 커뮤니케이션 수단이고, 페이스북은 보다 폭넓은 사람들과의 커뮤니케이션 수단이다. 밴드(band)는 학교, 동아리, 모임 등 폐쇄적인 형태의 커뮤니케이션 수단이고, 유튜브는 동영상을 중심으로 하는 커뮤니케이션 수단이다. 카카오톡, 페이스북, 밴드, 유튜브 등을 통상적으로 소셜미디어라고 부르지만 각각은 나름의 포지셔닝을 가지고 있다. 중요한 것은 포지셔닝은 실제적인 성능이 아니라 사람들이 인식하고 있는 영역에서 자리 잡고 있는 개념이다.

포지셔닝은 하나의 상대적인 개념이기도 하다. 연구 결과에 따르면, 학생들에게 다른 학생들과 어울리는 자신의 능력을 평가하라고 하면 60% 이상이 스스로를 상위 10%에 든다고 생각한다. 미국 대학교수의 94%는 자신이 다른 교수들보다 더 잘 가르치고 있다고 생각하고, 대부분의 남성은 자신이 미남이라고 생각한다. 직장 생활에서도 대부분의 사람은 자신이 주어진 업무를 잘하고 있다고 생각한다. 정확히 평가하자면 평균 이상이라고 생각하는 것은 실제로 평균 수준이라고 보는 것이 맞다.

2) 마케팅은 인식의 싸움이다

나는 친구들에게 어떤 포지션으로 인식되고 있는가? 우리 회사의 상품은 소비자들에게 어떤 포지션으로 인식되고 있는가? 또는 어떤 포지션을 점유해야 바람직한가? 보다 긍정적이고 높은 포지션을 점유하려면 어떻게 해야 하는가? 이러한 것들에 대한 대답을 찾는 과정이 포지셔닝 전략이다. 분명한 것은 한 가지에 집중하는 제품이나 개인의 포지셔닝이 명확하다는 것이다. 소비자들의 마음속에 파고들어 한 가지의 메시지를 심어야 한다. 그 메시지는 경쟁자들과 뚜렷하게 구별되는 것이어야 한다. 그러기 위해서는 한 가지에 초점을 맞추고 나머지는 포기하는 용기가 필요하다.

예를 들어, 스타벅스는 '문화'를 파는 곳으로 포지셔닝하고 있다. 스타벅스에서는 친구들과 편안하게 이야기를 할 수 있고, 사람들과의 모임 장소가 되기도 하며, 책을 읽거나 일을 할 수도 있다. 뜨거운 태양을 피하는 장소이기도 하고, 조용히 혼자만의 시간을 보낼 수도 있는 장소이기도 하다. 스타벅스는 커피를 판매하는 것이 아니라 문화를 판매하고 있는 것이다.

명확한 포지셔닝이 여러 가지 장점이 있음에도 꺼리는 이유는 한 가지에만 집중할 경우 많은 고객을 놓칠 것이라고 생각하기 때문이다. 하지만 실제로는 그렇지 않다. 사람들은 서로 다른 것을 연관지어 생각한다. 예를 들어, 사람들은 매력적인 사람이 그렇지 않은 사람에 비해 더 똑똑하고, 친절하며, 정직하고, 신뢰할 수 있다고 생각하는 경향이 있다. 매력적이라는 긍정적인 한 가지 단서에 더 많은 다른 긍정적인 가치들을 서로 연관짓는 것이다.

다음과 같은 질문에 대답함으로써 포지셔닝 작업을 시작해 볼 수 있다. 다음 사례를 참조해서 창업기업의 포지셔닝 질문에 답해 보자.

- 누구: 당신은 누구인가?
- 무엇: 당신이 하는 일은 무엇인가?
- 누구를 위해: 당신의 고객은 어떤 사람들인가?
- 니즈: 고객들의 특별한 요구는 무엇인가?
- 경쟁상대: 누가 진정한 경쟁자인가?
- 차별성: 경쟁자들과 무엇이 다른가?
- 그래서: 무엇이 이익인가? 고객이 오직 당신의 서비스에서만 찾을 수 있는 특별한 이익은 무엇인가?

- 누구: (주)우리학교기업은
- 무엇: 인터넷 마케팅 관련 지식서비스 기업으로
- 고객: 인터넷을 활용하여 고객을 유입시키고(광고/홍보), 높은 구매전환율을 달성하고(고객가치 극대화), 재구매로 고객과 장기간 관계(커뮤니케이션)를 유지하고자 하는 기업, 기관, 개인을 대상으로
- 경쟁상대: 이론적인 이야기로 실무에 적용하기 어렵거나, 전체를 보지 않고 몇 가지 스킬만으로 고객을 현혹하는 경쟁자들에 비해
- 차별성: 현업에서 활용할 수 있는 실용적 지식서비스를 제공하고, 중·장기적으로 경쟁력을 확보할 수 있도록 한다.
- 그래서: 물론 적합한 비용을 지불해야 한다. 그러나 그만큼 당신의 비즈니스도 성과가 나오도록 할 것이다.

5. 마케팅 실행을 위한 4P 전략

1) 제품 전략

스마트폰으로 언제 어디서나 검색해 볼 수 있고, 친구들에게 의견을 물어볼 수 있는 시대이다. 이를 통해 상품에 대한 정보, 먼저 사용해 본 사람들의 후기를 쉽게 접할 수 있다면 구매하기 전에 사용 경험을 예측해 볼 수 있다. 결국 광고를 통해 많이 노출된 상품이나 눈앞에 보이는 상품을 즉흥적으로 구매하지 않게 되는 것이다.

제품의 품질을 평가하기 어려운 시대에는 자주 접하는 브랜드를 구매하는 것이 일반적이었다. 하지만 제품의 품질을 쉽게 확인해 볼 수 있는 시대에서는 고객충성도가 예전만큼 효과를 발휘하지 못한다. 모든 제품이 상향 평준화되고, 소비자가 손쉽게 정보를 얻을 수 있게 되면서 마케팅과 비즈니스에 관한 생각이 바뀌고 있는 것이다.

창업기업에게 제품은 '절대가치'에 해당한다. 시장 개척, 시장점유율 향상, 원가절감, 이익 증대라는 목표를 달성하기 위해서는 품질이 뒷받침되어야 한다. 품질이란 제품 자체의 성능이나 기능, 내구성, 관련 법규 준수, 디자인, 서비스의 적시성, 정확성, 일관성을 모두 포함하는 개념이다.

제품이란 효용의 묶음 또는 조합을 의미하며, 효용을 제공함으로써 구입하는 사람의 욕구나 필요를 충족시켜줄 수 있는 모든 것이 제품의 범주에 포함된다. 제품의 유형은 핵심 제품, 유형 제품 및 확장 제품으로 구분된다.

핵심 제품은 가장 근본적인 차원으로 고객이 제품 구입에서 얻으려고 하는 근본적인 서비스나 효용을 의미한다. 예를 들어, 노트북을 구매한다면 '안정적인 문서작성'이 핵심 혜택에 해당한다.

유형 제품은 고객이 제품으로부터 추구하는 핵심적인 편익을 구체적인 물리적 속성들의 집합으로 유형화시킨 것이다. 아이폰 신제품 박스를 개봉하는 순간부터 소비자는 유형 제품을 경험한다.

확장 제품은 유형 제품에 덧붙여 제공할 수 있는 개발, 보증, 애프터서비스, 설치 등과 같은 효익을 부가적으로 제공하는 개념이다. 자동차를 구매할 경우 5년 10만 km를 보증하는 것이 확장 제품이다.

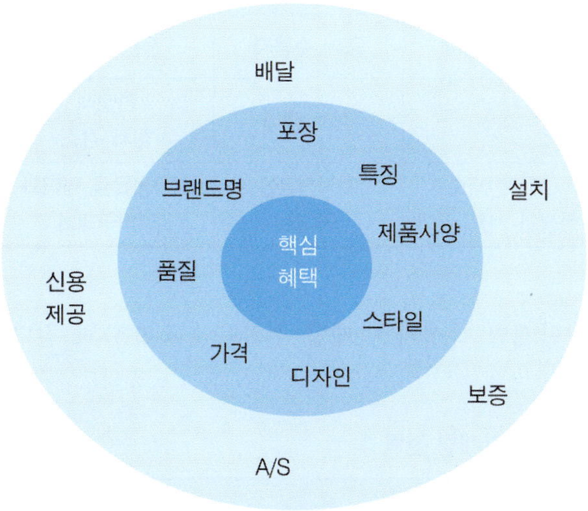

[그림 9-1] 제품의 차원과 범위

사람에게 수명이 있는 것과 마찬가지로 제품에도 수명이 있다. 이를 마케팅에서는 '제품수명주기(Product Life Cycle: PLC)'라고 한다. 제품수명주기는 시장개척과 시장수용에 따라 도입기, 성장기, 성숙기, 쇠퇴기로 구분할 수 있다. 제품수명주기에 따른 특성은 〈표 9-2〉와 같다.

〈표 9-2〉 제품수명주기별 특성

특성	도입기	성장기	성숙기	쇠퇴기
매출	낮음	급속 성장	최대 매출	매출 감소
고객당 비용	높음	평균	낮음	낮음
이익	적자	증대	최대	감소
고객	혁신 소비자	조기 수용자	중간 다수자	최후 수용자
경쟁자	소수	점차 증대	안정적 점차 감소	더욱 감소
마케팅 목표	제품인지도 향상과 사용 증대	시장점유율 극대화	시장점유율 방어와 이익극대화	비용의 절감 투자액 회수

제품수명주기의 단계별 특성과 마케팅 전략은 〈표 9-3〉과 같다.

〈표 9-3〉 제품수명주기와 마케팅 전략

마케팅 전략	도입기	성장기	성숙기	쇠퇴기
제품	기본 제품 제공	제품과 서비스 확대, 제품품질 보증	상표, 모델의 다양화	기여도 낮은 제품 철수
가격	높음(원가가산가격)	시장침투가격	경쟁대응가격	가격 인하
유통	선택적 유통 전략	집중적 유통 전략	유통망 방어 집중적 유통 전략 강화	이익이 적은 유통 경로를 폐쇄하는 선택적 유통경로 전략
광고	조기 구매자와 유통 업자들을 대상으로 제품인지 확대	매스마켓에서의 관심 및 인지도 증대	상표 간 차이 및 제품 편익 강조	필요한 최저 수준으로 조정, 핵심 충성 고객들을 대상으로 함 최소한의 광고
판매 촉진	사용을 유도하기 위한 판매 촉진	판매 촉진 감소	경쟁제품으로부터 고객을 빼앗기 위한 판매촉진	최저로 감소

2) 가격 전략

가격은 고객에게 보내는 제품의 신호로 소비자가 구매를 결정하는 중요한 요인 중 하나이다. 또한, 가격은 기업의 시장점유율이나 수익을 결정하는 가장 직접적인 요인이기도 하다. 제품, 유통, 촉진 전략은 비용과 관련되어 있지만, 가격은 기업의 이익에 영향을 미친다. 매출액을 증가시켜 이익률을 높일 수도 있지만, 판매가격을 개선함으로써도 이익률을 개선할 수 있다.

맥킨지앤컴퍼니의 1,200대 글로벌 기업 연구에 따르면, 기업들이 가격을 단 1% 올린 상태에서 수요는 변함이 없다고 가정할 경우, 각 기업의 평균 영업이익이 11% 늘어나는 것으로 나타났다.

가격이 기업의 수익률을 결정하는 거의 유일한 인자임에도 불구하고 창업기업의 가격 전략은 체계화되어 있지 못하다. 기업 대표는 높은 수익에 관심을 두고 있고, 재무 책임자는 재무 건전성을 개선하기 위해 비용 절감이 아닌 매출에 집중한다. 제품개발 담당자는 손익분기점을 맞추기 위해 높은 판매가격을 요구하지만, 판매 담당자는 경쟁을 위해 가격을 낮춰야 한다고 주장한다.

많은 기업은 제품 제조에 들어간 원가를 기준으로 가격을 결정하는 우를 범한다. 그러나 고객들이 어떤 제품에 지불하려는 가격은 그들이 생각하는 제품의 가치에 의해 정해지는 것이지, 제조원가에 따라 정해지는 것이 아니다.

가격의 종류는 경쟁가격, 독점가격, 통제가격으로 구분된다.

다수의 판매하려는 사람과 다수의 구매하려는 사람 사이에 성립되는 것이 경쟁가격이다. 수요와 공급의 균형점에서 경쟁가격이 결정되며, 수요와 공급이 변화하면서 가격도 변화된다. 이 같은 가격의 수요공급 조정 능력을 '보이지 않는 손'이라고 한다.

독점가격은 독점하는 사람에 의해 임의로 결정되는 가격을 말한다. 독점이란 경쟁이 없다는 것이며 여기에는 공급자가 하나뿐인 공급자 독점과 수요자가 하나뿐인 수요자 독점이 있다.

정치적 · 사회적 이유로 통제가 이루어지는 가격을 통제가격이라 한다. 근로자의 최저임금제를 법적으로 정하는 것도 통제가격이고, 부동산 투기를 억제하고 집값의 안정을 도모하기 위해 분양가 상한제를 정하는 것도 통제가격의 일환이다.

가격은 제품에 대한 수요, 원가구조, 법적 요인, 경쟁제품의 가격과 품질, 기업의 가격목표에 영향을 받는다. 이를 바탕으로 기업은 가격전략 수립 시 가격을 통해 달성하려는 목표가 무엇인지를 명확히 해야 한다.

가격을 결정하는 방법에는 고객 기반 가격결정, 경쟁사 기반 가격결정 및 원가 기반 가격결정방법이 있다.

고객 기반 가격결정은 경쟁사와는 비교할 수 없는 상품을 제공할 수 있는 의미가 들어 있는 것으로 오늘날 마케팅 패러다임과 가장 잘 부합하는 방식이다.

경쟁사 기반 가격결정은 경쟁사보다 낮은 가격으로 결정하는 방식, 경쟁사보다 높은 가격으로 결정하는 방식, 경쟁사와 동일한 가격으로 결정하는 방식이 있다. 3가지 방식 모두 경쟁사보다 낮은 비용으로 제품을 생산하거나 높은 혜택을 제공할 수 있는 역량이 뒷받침되어야 한다.

원가 기반 가격결정은 제품을 생산하는 데 들어간 원가에 일정액의 이익률을 더한 방식으로 가장 간단하면서도 쉬운 가격결정방법이다. 공급독점과 같이 경쟁사가 없고 고객이 기업의 가격 결정에 따라올 수밖에 없는 경우 주로 사용된다.

3) 유통 전략

유통은 제품이 소비자에게 저렴하게 공급될 수 있도록 하며 소비자에게 생활비용을 낮추는 효과가 있다. 유통 장소가 없으면 기업도 소비자도 모두 불편하다.

유통경로는 제품이 고객에게 전달되는 모든 과정을 의미한다. 따라서 기업은 고객이 편하고 간단하게 원하는 제품을 얻을 수 있도록, 즉 고객의 편익을 고려한 유통경로를 구축해야 한다.

우리나라는 1990년대부터 대형마트, 편의점 등이 크게 성장하면서 '업종별 유통'에서 '업태형 유통'으로 바뀌었다. 최근에는 인터넷을 활용한 유통시스템이 급성장하고 있다. 이전처럼 생산자, 도매, 소매와 같은 유통이 아니라 소비자와 직결된 생산자가 유통을 조직화하기 때문에 어떻게 소비자와 상호 교류할 것인지가 중요해진다.

유통은 생산자와 소비자가 다른 문제, 생산지와 소비지가 다른 문제, 생산시간과 소비시간이 다른 문제를 해결해 주는 역할을 한다. 유통장소를 이용하면 생선을 먹기 위해 바다로 갈 필요가 없으며, 서울 사람이 영덕 대게나 괴산 감자를 먹을 수 있다. 가을에 수확한 쌀을 일 년 내내 먹을 수 있는 보관의 역할도 해준다.

유통경로란 생산자로부터 소비자에게 이전되는 통로를 말한다. 상품은 생산자로부터 바로 소비자에게 판매되거나, 생산자로부터 다양한 유통업자를 거쳐 소비자에게 판매되는 등 다양한 형태를 가지고 있다.

유통경로에서 가장 큰 영향을 미치고 있는 것은 인터넷을 통한 전자상거래의 발전이다. 물리적 형태와 장소라는 기존 시장개념이 약화되면서 인터넷 거래액은 매년 증가하고 있다.

인터넷과 스마트폰이 대중화되면서 소비자들은 상품 구입 시 최소 2개 이상의 경로를 통해 정보를 확인한 후 구매를 한다. 소비자가 더 많은 정보를 알고 있는 시대이다.

유통업에서 큰 비용을 차지하는 물류 분야는 관리 혁신을 통해 상품운송 · 보관 · 재고 통제 등으로 비용을 절감시켜 주고 있으며, 포장 시스템은 상품을 더 신선하고 안전하게 전달할 수 있도록 해주고 있다. 보관시스템의 발달로 상품의 신선도 유지와 출하 시기 조절이 가능해졌으며, 교통시스템은 외부 고객의 방문을 더 수월하게 해주고 있다.

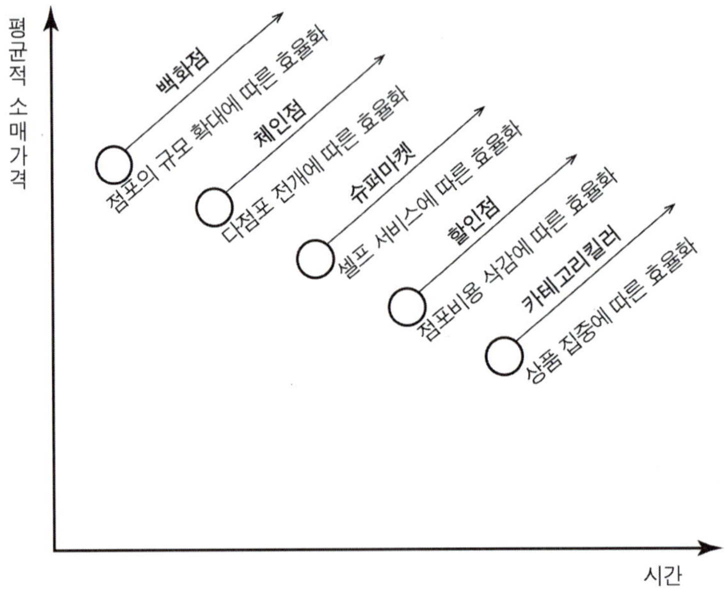

[그림 9-2] 가격과 시간에 따른 구매 활동4)

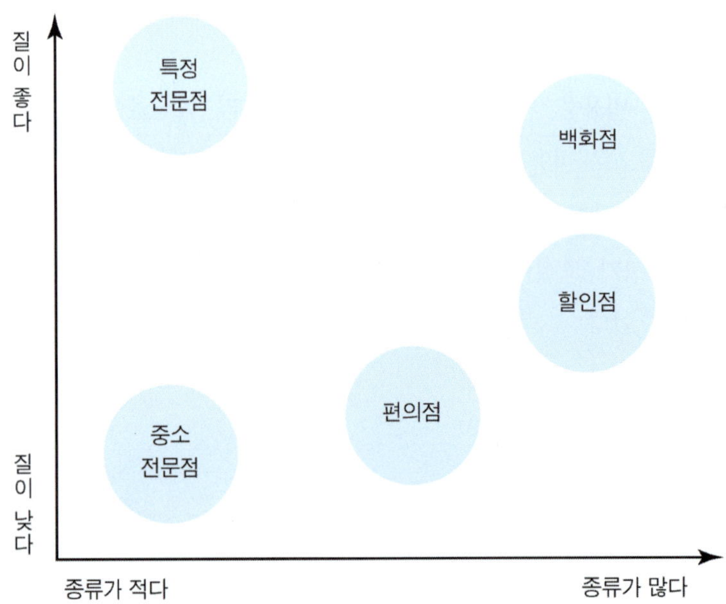

[그림 9-3] 준비된 상품에 따른 업체 분류5)

대표적인 유통경로는 백화점, 체인점, 슈퍼마켓, 할인점, 카테고리 킬러로 구분된다. 최근에는 소매 활동의 폭이 넓어져서 제조업자나 도매업자가 스스로 소매 활동에 참여하는 경우가 늘어나고 있다.

소매의 형태에 따라서는 어떤 상품을 준비하는지, 즉 준비된 상품의 양과 종류의 정도에 따라 업태를 분류할 수 있다. 소비자의 라이프 스타일의 변화와 다양한 수요에 부응하여 상품을 준비한 소비 형태도 끊임없이 변화하고 있다.

4) 촉진 전략

촉진 또는 마케팅 커뮤니케이션이란 기업의 제품이나 서비스를 고객들이 구매하도록 유도할 목적으로 해당 제품이나 서비스에 대해 정보를 제공하거나 설득하려는 노력의 일체를 말한다.

촉진 전략은 푸시(push) 전략과 풀(pull) 전략으로 구분되며 기업의 마케팅 방향에 따라 촉진 믹스의 구성이 달라진다. 푸시 전략은 충성도가 낮고, 현장에서 구매가 결정되는 상황이 많으며 판매 시점에 구매를 유도하는 전략이다. 풀 전략은 광고나 고객 판촉 등을 사용하여 소비자에게 제품이나 브랜드를 알려서 구매하도록 유도하는 전략이다.

촉진 전략은 광고, PR, 판매촉진, 인적판매 등이 있다.

광고는 제품이나 서비스의 우수성을 효과적으로 목표 고객층에게 알리고 기업과 제품에 대한 수용성을 늘리기 위한 커뮤니케이션 방법으로 사용된다. 광고는 고객에게 정보를 전달하고, 구매를 설득한다. 제품이나 브랜드에 대한 우호적인 태도를 형성하기도 하고, 고객의 생활방식에 변화를 가져다주기도 한다. 그러나 광고는 '일방향(one-way)' 커뮤니케이션이라는 점과 정보 전달력의 제한 및 고객의 광고에 대한 신뢰가 낮다는 한계점을 가지고 있다.

PR은 제품이나 서비스를 인쇄 매체나 방송 매체의 뉴스나 논설의 형태로 다루게 함으로써 구매를 자극하는 것이다. 기업은 PR 활동을 통해서 제품에 관한 관심을 고조시키고, 우호적인 기업 이미지를 형성하며, 목표로 한 고객에게 영향을 미칠 수 있다.

판매촉진이란 즉각적인 구매를 자극하는 역할을 하는 것으로 소비자 판매촉진과 중간상 판매촉진이 있다. 소비자 판매촉진에는 쿠폰, 가격 할인, 단골고객 보상, 샘플링, 무료 시용, 경품, 추첨, 구매 시점 전시 및 실연, 리베이트 등이 있다. 중간상 판매촉진에는 구매공제, 상품공제, 광고공제, 전시공제, 협동광고, 교육 프로그램 제공, 기념품 증정 등이 있다.

인적판매는 판매원이 목표 고객과 직접 대면하여 자사의 제품이나 서비스를 구매하도록 설득하는 커뮤니케이션을 말한다. 인적판매 과정은 준비, 설득, 거래 및 관리의 과정을 갖는다.

사례 9-1 시장 세분화 및 목표 고객 선정(타깃팅)

특성	대학생	20~30대 직장인	40~50대	은퇴세대
1. 유형(거주 및 소유 유형)	임대 90%	임대 70%	임대 30%	임대 10%
	소유 10%	소유 30%	소유 70%	소유 90%
2. 선호도	교통편의 간편 생활 (청소, 식사) 저렴한 관리비	교통편의 간편 생활 (청소, 식사) 저렴한 관리비 투자처(자산 등)	투자처(자산) 일정 소득 교통편의 간편 생활	일정 소득 투자처(자산 등) 증여
3. 거주도 비율	25%	45%	20%	10%
4. 임대사업 목적	주 수요층	주 수요층	임대보다 분양	분양 후 임대

사례 9-2 4P 전략 수립

구분	내용
제품 전략	• 신개념 기숙사형 오피스텔 • 소규모 수익상품 추세 반영 • 소규모시설 특화 선점화 • 경험 및 전문인력 부족은 기업 간 공동 참여 확대, 정부 지원에 편승 대응 • 경기예측의 난점을 선점화 및 특화로 신수요 창출
가격 전략	• 거래방식(실당 임대비용에서 인당 임대비용) 및 주거방식 차별화(2년 계약을 6개월 또는 1년) • 세제 완화 등 사업 경비 절감 • 친환경 정부 지원으로 가격 경쟁 확보
유통 전략	• 대학가 역세권 공략 - 대학생 교통 및 생활편의 제공 • 대학과 대기업과 협업 시스템 구축 • 역세권 부지 구입 방안 모색
촉진 전략	• 브랜드인지도 미약 수요자 인센티브 제공 • 경험 부족 및 소비위축(대학생에 인턴 및 취업기회 제공, 기업체엔 숙소 사용 등 가격 인센티브 제공) • 자산운용사의 투자 등 통매각으로 리스크 대비 공동사업, 사업 종료 후 전체 매각

실습 9-1

창업기업 STP 전략 수립

실습 9-2 창업기업 4P 전략 수립

구분	내용
제품 전략	
가격 전략	
유통 전략	
촉진 전략	

CARD

Chapter 10

창업자금의 조달과 운용

1. 필요자금 추정하기
2. 필요한 자금의 추정방법
3. 필요한 자금 확보하기
4. 투자 유치하기
5. 자금 운용하기

Chapter 10

창업자금의 조달과 운용

1. 필요자금 추정하기

아무리 좋은 사업아이템이라 할지라도 사업을 수행할 수 있는 자금이 확보되지 않으면 사업을 수행할 수 없다. 사업의 원활한 수행을 위해서는 사업수행에 필요한 자금을 정확하게 추정하여 합리적으로 확보하는 것이 필요하다.

1) 필요자금의 최소화 방안

사업의 추진 시 필요한 자금을 최소화하는 방안을 검토해야 한다. 자금을 최소화하기 위해서 고려해야 할 사항은 다음과 같다.

① 사업장의 확보: 자가 사업장을 갖게 될 경우 소요자금이 증가하게 되는 요인이 되므로 향후 사업추이 등을 고려하여 임차를 고려할 수 있다.

② 임차료: 사업성에 따른 입지의 선정, 임차기간과 보증금에 따른 임차료의 규모, 인테리어 비용 등

③ 종업원의 채용: 창업자 자신의 역할, 가족의 역할, 동업자의 역할, 업무에 따른 임시직원의 고용, 시간제 고용 등

④ 연구개발: 공급자의 협력, 비공식적 또는 개인적으로 연구소 등의 협력 유도,

산학협력 체결, 가능한 인맥의 동원을 통한 협력자 활용

⑤ 기계, 장비, 비품: 중고 장비, 경매물건의 구입, 개인이 소유하고 있던 물품, 재활용품의 활용 등

⑥ 판매 활동: 외상매출기간 및 이자율 등을 고려하여 할인 등을 통한 현금 위주의 거래 유도

⑦ 구매 활동: 상품의 구매가격과 대금의 결재기간을 고려하여 현금으로 매입할 것인지 외상으로 매입할 것인지 결정

⑧ 생산 활동: 최소의 자가 설비를 운용하고 기타의 생산은 아웃소싱을 활용

⑨ 재고 관리: 필요한 수량만 구매하여 최적 최소 재고를 유지(보관, 감모, 품질 보존으로 인한 비용 발생 억제)

2) 자금조달방법의 결정

창업자는 필요한 자금을 효율적으로 조달하기 위해서 자금을 조달하기 전에 다음과 같은 사항을 검토하여야 한다.

① 자금의 사용시기: 창업준비기, 창업 초기, 사업장 확보 시 등

② 자금의 사용처: 사업장 확보자금, 시설자금, 인테리어자금, 운용자금 등

③ 자금의 크기: 최소 필요자금, 최대 필요자금, 적정규모의 자금, 여유자금 등

④ 자금 조달방법: 보유자금의 활용, 투자유치, 융자, 신용보증, 사채 등

⑤ 자금의 조달처: 창업투자회사, 엔젤, 제1금융권, 제2금융권, 가족, 친지 등

⑥ 자금의 조달 조건: 거치기간, 상환금액, 상환시기, 이자율 등

3) 필요한 자금의 구분

창업을 위하여 필요한 자금은 창업준비자금, 시설자금, 운영자금으로 구분할 수 있으며 운영자금은 매월 고정적으로 발생하는 비용과 매출액의 증가에 따라 증가

하는 비용이 있다. 운영자금은 최소한 1영업순환주기(영업 활동의 개시일로부터 최종수금이 이루어지는 시기) 동안 영업에 필요한 자금이 확보되어야 하며, 고정자금은 사업의 개시에 필요한 시설의 확보를 위한 자금이 확보되어야 한다.

〈표 10-1〉 필요한 자금 내역

구분	내용
창업준비자금	사업계획의 수립 비용, 회사설립 준비 및 회사설립 비용, 개업준비 비용과 개업 비용 등
시설자금	1. 사업장의 구입자금 또는 임차를 위한 보증금 2. 고정자산의 구입 및 임차 등을 위한 자금 (1) 유형자산: 토지, 건물, 구축물, 기계장치, 차량운반구, 선박, 공구, 기구 비품 등 (2) 무형자산: 영업권, 특허권, 실용신안권, 디자인권, 상표권, 프로그램 등록권 등
운영자금	1. 고정비: 사업의 운영에 따라 발생되는 비용으로 매출액의 크기와 관계없이 매월 고정적으로 발생되는 고정비용과 매출액의 증가에 따라 증가하는 변동비용으로 구분할 수 있으며, 1영업순환주기 동안 발생하는 비용을 말한다. 인건비, 지급임차료, 감가상각비 등 사업의 성과와 관계없이 매월 고정적으로 지출되는 비용 2. 변동비: 원재료, 상품, 영업비용 등 매출의 크기에 따라 일정한 비율로 지출되는 비용
예비자금	사업의 추진 과정에서 환경 변화 등으로 계획보다 추가적으로 발생하게 되는 비용으로서 추가적인 자금 사용요인이 발생하지 않을 경우 다른 용도로 활용될 수 있음

4) 필요한 자금의 추정 목적과 사업의 규모

(1) 필요자금을 추정하는 목적

사업추진 과정에서 자금부족상태가 발생하여 사업의 중단사태가 발생하지 않도록 준비하여 성공적인 사업을 추진하기 위함이다. 따라서 필요자금은 최대 필요자금, 적정 필요자금, 최소 필요자금의 규모를 추정하는 것이 필요하다.

〈표 10-2〉 필요자금의 구분

구분	내용
최대 필요자금	사업계획상 사업 규모, 사업 수행방법 등을 가장 최대화하여 계산할 때 필요로 하는 자금
적정 필요자금	사업계획상 사업 규모, 사업 수행방법 등을 가장 적정하다고 판단되는 규모로 계산할 때 필요로 하는 자금
최소 필요자금	사업계획상 사업 규모, 사업 수행방법 등을 가장 최소화하여 계산할 때 필요로 하는 자금

(2) 사업규모와 자금조달계획의 관계

변화하는 환경요인은 소요자금의 증가요인이 되므로 자금의 조달계획은 환경 변화에 따른 자금조달 능력변수를 고려하여 수립할 필요가 있다. 공장 및 사업장의 구입 및 설치기간의 지연, 시운전 기간의 지연, 개발 및 시제품 생산기간의 지연 등과 같은 창업추진기간의 지연, 매출액의 급격한 증가 또는 예상미달, 환율 및 금리의 변동, 사업계획의 차질 발생(자금, 인원, 조직, 생산 등), 인·허가 기준의 강화 등은 자금조달 능력변수가 된다.

(3) 자금조달계획의 수립

자금조달계획은 필요자금의 1.25~1.5배 정도로 수립하는 것이 필요하다.

(4) 사업의 규모

자금조달 능력의 2/3~3/4 정도의 규모로 하는 것이 필요하다.

2. 필요한 자금의 추정방법

1) 직접적인 방법과 간접적인 방법

직접적인 방법은 세부조사에 의거하여 비용을 일일이 계산하여 추정하는 방법이다. 주로 견적서 및 제안서를 받는 방법이 여기에 속한다. 한편, 간접적인 방법은 세부추정방법이 곤란하거나 개략적인 추정을 하는 것이다. 즉, 동일한 제품이나 기업의 실적, 유사한 제품이나 기업의 실적, 동종 업계의 실적에 의거하여 필요한 자금을 추정하는 방법이다.

2) 고정자금의 추정방법

모든 시설 및 무형자산의 투자계획을 고려하여 계획된 투자금액과 더불어 운송비, 설치비, 제세공과금 등 관련 부대비용을 포함하여야 한다.

〈표 10-3〉 고정자금의 추정방법

절차	주요 내용
목표판매량과 필요시설의 검토	목표판매량의 생산에 적합한 시설을 추정 (타사의 설비정보 및 가동률을 조사)
외주 또는 자가 생산 여부의 결정	목표생산량의 생산을 위한 시설을 추진할 것인지 외주생산을 할 것인지를 결정
설비와 무형자산의 구입 규모의 결정	설비계획에 따른 설비 규모와 무형자산의 구입 규모를 결정
투자액의 추정	고정자금의 투자예정액을 결정
자금계획에 반영	추정된 고정자금액을 자금계획에 반영

3) 운영자금의 추정방법

제품1회전기간에 소요되는 비용의 크기를 추정하는 것으로 추정재무제표에 의한 방법과 1회전기간의 고정비와 변동비를 추정하는 방법이 있다.

(1) 추정재무제표에 의하는 방법

1년 또는 1회전기간의 추정재무제표를 작성하여 운전자금을 추정하는 방법으로 작성된 추정재무제표를 근거로 다음과 같은 공식에 의하여 추정한다.

☞ 1회전 운전자금
= 순원가/(년) × 1회전기간(년)
= (제조원가 + 판매비 및 일반관리비 − 감가상각비) × 1회전기간(년)
= (연간매출액 − 영업이익 − 감가상각비) × 1회전기간(년)
※ 운전자금 1회전 기간
= 재고자산 1회전기간 + 매출채권 1회전기간 − 매입채무 1회전기간

(2) 고정비와 변동비를 기준으로 산정하는 방법

1영업순환기간 동안의 비용을 고정비와 변동비로 구분하고, 1영업순환기간 동안의 운용비용을 산정한다.

〈표 10-4〉 고정비와 변동비에 근거한 운영자금 추정방법

구분	주요 내용	산출근거
영업순환주기의 산정	사업계획서에 따른 1영업순환주기를 산정	매출 후 현금화 가능 월수
매출액의 산정	사업계획서에 따른 1영업순환주기의 매출액을 산정	품목별 수량 × 단가
고정비의 산정	급여, 4대 보험 부담금, 관리비, 지급임차료, 감가상각비 등 매출액의 크기와 관계없이 지출해야 하는 비용을 산정	월정금액 × 1영업순환주기 동안의 월수

구분	주요 내용	산출근거
변동비의 산정	매출원가, 외주용역비, 판매촉진비, 여비교통비, 차량유지비, 소모품비 등 매출액의 변동에 따라 변동되는 비용을 산정	지출 항목별로 세부요인을 검토하여 산출
예비비	매출이 발생하기 이전 기간 동안의 소요자금을 산정	

3. 필요한 자금 확보하기

1) 창업자금의 조달 원천과 특성

자금조달을 통한 사업의 안정성, 지분의 분배, 상환 및 이자부담, 경영간섭 여부 등을 고려해야 한다. 자금조달의 원천과 그 특성을 살펴보면 다음과 같다.

(1) 조달자금의 일반적인 특성

조달자금의 일반적인 특성은 〈표 10-5〉와 같다.

〈표 10-5〉 조달자금의 일반적인 특성

구분	주요 내용
자기자금	• 소유지분을 크게 한다. • 사업의 의지와 성공 가능성에 대한 확신을 크게 한다. • 외부자금의 조달에 기여한다.
동업자금	• 사업의 안정성에 기여하며 자기자금의 효과가 있다. • 경영간섭과 의견불일치 시 경영의 효율성을 저해한다.
R&D 등 정부출연자금	• 높은 기술력과 사업성을 인정받아야 한다. • 성공 시 일부 금액을 제외하고 상환의무가 없다.
정책자금	• 장기의 상환기간과 낮은 이자율이 보장된다. • 높은 기술력과 신용을 필요로 한다.
금융권 등의 차입	• 신용 및 담보의 제공을 통하여 실현된다. • 보증기관의 보증서 또는 지원기관 및 금융기관의 직접대출로 실현된다. • 원금과 이자를 상환해야 한다.

구분	주요 내용
투자 유치	• 자기자금과 같이 상환의무가 없다. • IPO의 상장을 통하여 자금을 회수하려 한다. • 투자를 통하여 여러 지원을 받을 수 있다. • 개인투자자는 조기과실을 요구하는 경우가 많다.
사채(私債)	• 상환기간의 압박을 받는다. • 높은 이자율의 이자를 지급해야 한다.

(2) 투자 유치와 차입의 비교

창업에 필요한 자금을 확보하는 방법으로 투자를 유치하거나 차입하는 방법이 있는데, 그 내용을 비교하면 〈표 10-6〉과 같다.

〈표 10-6〉 투자유치와 차입 간의 비교

구분	투자유치	차입
지분구조	지분의 배분	지분의 배분 없음
상환의무	없음	상환기간 내 상환
담보 제공 여부	없음	신용 또는 담보 제공
성과보수	경영성과에 따른 배당	약정이자
경영간섭	경영지도 등 실시	없음

2) 필요한 자금의 확보방법

필요한 자금이 산정되면 적절한 자금조달방법을 결정하여야 한다. 또한 효율적인 자금의 조달을 위해서는 적절한 재무관리 및 신용관리를 하여야 한다.

(1) 자기자금의 확보

자기자금의 비중이 높을수록 안정적인 기업운영을 할 수 있으며 창업자의 의지 확인과 신용도의 증가로 인하여 자금의 차입 등에도 유리하다.

(2) 정부출연 R&D자금의 확보

매년 공고되는 지원제도의 요건을 확인하고 창업자에게 가장 적절한 자금을 선택하여 〈표 10-7〉과 같이 사전에 준비하는 것이 필요하다.

〈표 10-7〉 정부출연 R&D자금 확보방법

구분	주요 내용
차별화된 기술 및 아이디어의 확보	기존 기술 및 아이디어와 차별화할 수 있는 새로운 기술 및 아이디어를 보유하고 있음을 설명할 수 있어야 한다.
개발시설 및 개발조직의 보유	보유하고 있는 기술 및 아이디어를 실제적으로 제품화할 수 있는 시설과 조직을 보유하고 있음을 증명해야 한다.
제품성	개발 제품의 품질과 성능이 기존 제품과 차별화되고 우수성이 있음을 보여줄 수 있어야 한다.
시장성, 사업성	개발된 제품이 시장의 요구에 충족될 수 있으며 지속적인 수요가 발생하여 사업성을 충족하고 있음을 조사하여 설명할 수 있어야 한다.
사업계획서의 작성과 발표	지원사업을 통하여 준비된 사업계획서와 성공의 확신을 줄 수 있는 발표 역량이 필요하다.

(3) 정책자금의 확보

R&D자금 이외의 정책자금은 자금의 보조, 보증, 융자의 형태로 이루어지며 지원사업별 지원용도와 지원시기 등이 다르므로 사전에 〈표 10-8〉과 같이 준비하는 것이 필요하다.

〈표 10-8〉 정책자금 확보방법

구분	주요 내용
지원 대상의 확인	지원 대상이 될 수 있도록 요건을 구비한다.
지원 제외 대상의 확인	신용불량, 금융기관의 연체, 부채비율의 검토, 국세 및 지방세의 체납 등이 이루어지지 않도록 준비한다.
우대 지원사항의 검토	가산점을 부여하는 특허보유, 벤처기업 인증, 여성기업, 장애인기업, 기타 인증요건을 갖춘다.

구분	주요 내용
관련 일정의 검토	사업신청기한, 사업수행기간, 사업참여시기, 준비가능 여부 등을 검토하고 준비한다.
관련 자료의 준비	사업계획서 및 관련 증빙서류를 검토하여 사전에 준비한다.
관련 자료의 검토 및 신청	준비된 자료를 꼼꼼히 검토하여 오류의 발생을 줄이고 완성된 자료를 제출한다.

(4) 금융기관의 대출

금융기관의 대출은 신용대출과 담보대출로 구분할 수 있으며 자금대출의 결정요인은 원리금 상환 능력의 판단이라 할 수 있다. 또한 담보력과 신용등급에 따라 대출금액의 크기와 상환기간, 이자율 등이 결정되므로 자기자본의 크기와 담보력, 신용등급의 상향을 위한 준비가 필요하다.

(5) 신용보증서의 확보

정책자금 또는 금융기관의 대출 시 담보로서 신용보증서가 활용되고 있으며 신용기관의 보증서 발행 상황은 〈표 10-9〉와 같다.

〈표 10-9〉 신용기관별 보증서 발행 내역

구분	주요 내용
신용보증기금	영리를 목적으로 하는 개인기업 또는 법인기업을 영위하는 사업자로서 업종의 제한이 없음
기술보증기금	신기술 사업을 영위하는 중소기업을 대상으로 기술성과 사업성을 중심으로 평가
지역신용보증재단	지역신용보증재단 관할 지역 내에 소재하는 전 업종의 소기업 및 소상공인을 대상으로 보증서 발행

4. 투자 유치하기

투자 유치는 정책자금의 지원이나 융자 등과 달리 회사의 지분을 나누어야 하며, 투자자 및 투자기관으로부터 경영간섭을 받을 수 있다. 투자를 받기 위해서는 투자자 및 투자기관의 특성을 이해하고 철저한 준비를 한 후 다양한 투자자를 찾아 협상을 하고 적정한 평가를 받도록 해야 한다.

1) 투자자의 유형과 특성

(1) 엔젤투자자

엔젤투자자, 엔젤클럽 등의 형태가 있으며, 설립 초기단계의 기업과 고위험의 회사에 투자하기도 한다. 투자자금의 조기회수를 위한 전략을 요청하는 등 벤처캐피탈 등에 비하여 주주보호의지가 낮고 사후 기업관리방안이 제한적일 수 있다.

(2) 엔젤매칭펀드

신주투자(보통주, 우선주)가 대상이며, 개인기업, 조합, 유한회사는 투자 대상이 아니다. 투자자가 투자금을 자본금으로 등기한 날로부터 6개월 이내의 법인이어야 하며, 법인 설립 전에는 신청할 수 없다.

(3) 벤처캐피탈

엄격한 투자기준과 절차에 따라 투자기업을 선정하며, 투자 대상 회사에게 제안서 또는 사업계획서의 제출을 요구한다. 초기 기업보다 시장성이 확인되는 기업에 투자하는 경우가 많으며, 필요에 따라 경영지도를 받을 수 있다.

(4) 창업기획자(엑셀러레이터)

중소벤처기업부에 등록된 회사로서 초기창업자 등의 선발 및 투자, 전문보육을 주된 업무로 한다. 초기창업자의 선발은 창업자선발대회 등 공정한 방법에 의해야 하며 초기창업자의 성공 가능성을 높이기 위하여 사업 모델 개발, 기술 및 제품 개발, 시설 및 장소의 확보 등의 지원을 하여야 한다. 전문보육의 성과를 제고하기 위하여 초기창업자에 대하여 투자자와의 제휴, 초기창업자 홍보, 다른 기업과의 인수·합병, 초기창업자의 해외 진출 등의 지원을 할 수 있다.

(5) 엑셀러레이터

예비창업자나 창업지원팀, 초기창업자를 중점적으로 선발하여 지원한다. 개방적이고 경쟁적인 절차에 따라 지원기업을 선정한다. 프로그램 지원기간 동안 초기창업자금이 지원되며 비즈니스 모델 수립, 컨설팅, 업무공간의 지원 등을 한다. 중소벤처기업부에 등록되지 않은 경우 창업기획자의 명칭을 사용할 수 없다.

(6) 크라우드펀딩(Crowd Funding)

자금이 필요한 기업이 인터넷 등의 온라인상에서 자금모집을 중개하는 자를 통하여 불특정 다수의 소액투자자로부터 자금을 조달하는 행위를 의미하며 자금모집 및 보상방식에 따라 후원기부형, 대출형, 증권형(투자형)의 3가지 유형으로 구분된다. 발행인은 창업 후 7년 이내(벤처기업과 이노비즈기업은 예외)이거나 프로젝트성 사업을 수행하는 자에 해당하여야 한다.

2) 투자 유치하기

(1) 투자자의 특성 이해

투자자는 그 종류에 따라 주력 투자업종, 특화되어 있는 심사업종, 투자 목적, 투자 대상의 선정요인, 투자 프로세스, 투자기업의 관리 및 지원방안 등이 모두 다르다. 따라서 이와 같은 투자자의 특성을 분석하고 이해해야 한다.

(2) 투자자의 선택

투자자의 특성을 분석한 결과를 근거로 창업기업의 여건에 맞는 적절한 투자자를 선택한다. 투자자의 선택은 업계의 평판과 주주 구성, 자금 이외의 역할과 지원 내용을 검토하고 보유하고 있는 인프라 및 도덕성 등을 검토한다.

(3) 투자 제안을 위한 준비

투자심사기준(재무성, 기술성, 사업성 등) 및 투자자가 기대하는 요건 등을 검토하고 준비한다.

(4) 투자제안서나 사업계획서의 작성 및 검토

투자제안서와 회사의 미래가치를 설명할 수 있는 부속자료를 작성하고, 전문가를 통하여 철저하게 검토한다. 투자제안서나 사업계획서는 상대방을 고려하여 쉬운 용어로 간결하고 명료하게 작성한다. 모든 내용은 객관적인 자료에 근거하여 작성하고 사업의 차별적 우위성과 리스크요인 및 대안을 제시하며 IPO, M&A 등 출구 전략을 확실히 제시한다.

(5) IR 등의 실시

가능한 한 많은 투자자에게 정보가 전달되도록 적극적으로 정확한 정보를 제공하여 투자자가 창업기업을 확실히 이해할 수 있도록 한다. 관심투자자와 그외의 투자자를 선별하여 진행사항에 대처하도록 하며 지속적으로 접촉하고 자료의 요청에 즉각 대응할 수 있도록 준비한다.

(6) 투자자 접촉 시기 및 투자기간의 고려

투자자의 접촉은 휴가철, 회사의 결산기 등은 피하도록 하며 일반적으로 투자 심사기간을 감안한 접촉 전략이 필요하다. 외자 유치의 경우에는 국내 투자기간보다 장기간이 걸리므로 이를 고려하여야 한다.

(7) 투자자의 접촉방법

무차별적인 이메일의 발송 등과 같은 방법을 지양하고, 가능성이 있는 2~3개의 투자자를 집중으로 접촉한다.

(8) 사업설명회의 실시

성공할 수 있다는 근거와 사업가로서의 신념을 충분히 전달한다. 설명 내용과 수준, 발표 시간 등을 확인하고 상황에 맞게 준비하며 전체적으로 준비된 사항을 중심으로 충분히 연습한다.

(9) 서류심사 및 현장심사

투자자는 주변조사 등을 통하여 세부 사업 내용에 대하여 검토하며, 기업을 방문하고 면담조사를 실시한다. 기술과 제품, 시장, 자금, 인적 자원, CEO 및 핵심 인력과 외부 네트워크 등에 대하여 조사하고 분석한다.

(10) 협약 및 계약서의 작성

투자의 진행 과정에서 투자조건은 즉시 결정되지 않을 수 있다. 창업자는 인내를 갖고 지속적인 협상을 통하여 투자조건을 결정해야 한다. 투자조건이 결정되고 투자를 이행하기 위해서는 반드시 협약된 내용을 근거로 계약서를 작성해야 한다.

5. 자금 운용하기

창업기업의 경우 대부분 자금이 부족하기 때문에 어떻게 조달할 것인가에 대한 관심이 큰 데 비하여 조달된 자금을 어떻게 사용할 것인지에 대한 주의를 게을리 하는 경우가 많다. 그러나 사업의 경영에 있어서 자금의 조달이 중요한 만큼 조달된 자금을 효율적으로 운용하는 것 또한 자금의 조달 이상으로 중요하다.

1) 예산의 수립과 운용

예산 수립은 조달자금을 효율적으로 집행하고 수립된 사업계획을 순조롭게 진행하기 위하여 필요하다.

(1) 단기적인 예산

자금계획에 따라 단기적으로 집행이 필요한 자금의 확보를 위한 예산과 집행시기 등을 결정한다.

(2) 장기적인 예산

자금계획에 따라 중 · 장기적으로 필요한 자금의 확보를 위한 예산과 집행시기를 결정한다.

(3) 특정 프로젝트를 위한 예산

투자 등 특정한 프로젝트를 위한 자금의 확보를 위한 예산과 집행시기를 결정한다.

(4) 수입예산

수익 활동, 재무 활동, 투자 활동으로 인한 현금 및 현금성 자산의 수입에 관한 예산과 수입시기를 결정한다.

2) 자금의 운용방법

(1) 현금 및 현금성 자산의 관리

자금을 과다하게 보유하는 것은 자금관리를 효율적으로 하지 못하는 것이다. 따라서 자금계획에 따라 과도한 잔액이 남지 않도록 관리하고 여유 자금은 이자율이 높은 예금 등으로 관리하는 것이 필요하다.

(2) 매출채권의 관리

매출채권의 증가는 단기 운용자금의 압박요인이 되며 금융비용의 증가를 가져온다. 정기적으로 매출채권의 회수 주기를 계산하고 조기회수를 위해 노력해야 한다. 또한 거래처별로 회수시기와 가격을 연동하여 관리하는 것이 필요하다.

(3) 재고자산의 관리

과다한 재고자산의 보유는 진부화 및 가치 감소로 인한 손실의 발생과 재고관리 및 유지비용의 증가가 발생하며 금융비용이 증가하게 되므로 적정재고를 유지하고 관리하는 것이 필요하다.

(4) 비유동자산의 관리

사업계획상 장·단기 투자계획에 따른 올바른 집행이 필요하며 단기조달자금의 활용을 통한 비유동자산의 투자가 이루어지지 않도록 유의해야 한다. 또한, 여유자금의 운용도 안전성과 수익성을 고려해야 한다.

(5) 매입채무의 관리

매입채무의 증가는 단기적인 자금의 활용성을 높이게 되나 매입가격의 인상을 가져올 수 있다. 따라서 적정한 가격과 상환시기의 결정을 연계하는 방안이 필요하며 안정적인 구매처 확보와 유지가 필요하다.

(6) 단기차입금의 관리

단기차입금의 상환은 단기적인 현금 흐름의 감소를 가져오게 된다. 따라서 적시 상한을 위하여 안정적인 현금 흐름을 유지해야 한다. 흑자 기업이라도 현금 흐름이 원활하지 않으면 단기적인 자금 압박으로 인한 도산의 위험성이 있으므로 유의해야 한다.

(7) 비유동부채

자금의 소요 원인과 정확한 사용 여부를 확인하고 자금계획의 수립 시 원리금의 상환계획을 수립하여 상환 절차를 진행해야 한다.

실습 10-1 필요자금의 추정 실습

구분		금액	산출근거
고정자금	1. 연구개발비		
	2. 토지		
	3. 건물		
	4. 임차보증금		
	5. 기계장치		
	6. 비품		
	7. 차량운반구		
	8.		
	9.		
	10. 기타		
	소계(1)		
운영자금	1. 인건비		
	2. 전기수도료		
	3. 통신비		
	4. 복리후생비		
	5. 지급임차료		
	6.		
	7.		
	8. 기타		
	소계(2)		
창업준비자금	1. 회사설립비용		
	2. 개업비		
	3. 기타		
	소계(3)		
필요자금 총계			(1) + (2) + (3)

〈작성요령〉

1. 수립된 사업계획을 기초로 하여 필요한 자금을 산출한다.
2. 시설자금의 경우 품목(토지, 건물, 임차보증금 등)별 세부명세서를 작성한다.

품목	규격	수량	단가	금액

3. 운영자금은 1영업순환주기 동안 소요될 금액을 산출한다.
   고정비와 변동비로 구분하고 고정비는 월정 비용 × 해당 월 수, 변동비는 예상매출액에 상응하는 금액을 산출한다.

실습 10-2 자금조달계획의 작성 실습

구분		금액	자본금	정부출연	정책자금	일반금융	기타
고정자금	1. 연구개발비						
	2. 토지						
	3. 건물						
	4. 임차보증금						
	5. 기계장치						
	6. 비품						
	7. 차량운반구						
	8.						
	9.						
	10. 기타						
	소계(1)						
운영자금	1. 인건비 외						
	소계(2)						
창업준비자금	1. 회사설립비용						
	2. 개업비						
	3. 기타						
	소계(3)						
필요자금총계		①	②	③	④	⑤	⑥

〈작성요령〉

1. 자본금은 자기자금, 동업자금, 주주 및 투자자로부터 출자받은 금액을 기재한다.
2. 고정자금, 운영자금, 창업준비자금의 내역은 필요에 따라 합계 또는 분리해서 기재할 수 있다.
3. 자본금 이외의 조달처(정부출연, 정책자금, 일반금융, 기타)는 필요에 따라 변경하여 기재할 수 있다.
4. 필요자금총계의 계산

   ① = ② + ③ + ④ + ⑤ + ⑥

CARD

Chapter 11

회사의 설립 절차

1. 회사 형태 결정하기
2. 법인 설립 준비하기
3. 주식회사 설립하기
4. 협동조합 설립하기
5. 사업자등록 및 4대 사회보험 신고하기

Chapter 11

회사의 설립 절차

1. 회사 형태 결정하기

창업자는 각 회사의 특성과 요건을 파악하고 계획하고 있는 사업의 특성과 창업 여건을 고려하여 가장 적절한 회사의 형태를 결정해야 한다.

1) 회사의 형태

회사의 형태는 인격에 따라 개인기업과 법인기업으로 구분할 수 있으며 법인기업은 「상법」 상의 회사와 조합의 형태가 있다. 「상법」 상의 회사에는 주식회사, 유한회사, 유한책임회사, 합자회사, 합명회사가 있다. 조합의 형태에는 「협동조합기본법」에 근거한 협동조합과 「농어업경영체 육성 및 지원에 관한 법률」에 따른 영농조합법인, 영어조합법인이 있다.

2) 기업 형태 결정하기

창업할 때 개인기업으로 할 것이냐, 법인기업으로 할 것이냐를 결정해야 하는데, 개인기업으로 창업하여 사업규모가 커지면 법인기업으로 전환하는 것을 고려할 수 있으나 법인 전환 시기, 법인 전환에 따른 비용, 창업 지원 혜택 등 여러 가지 요소를 비교한 후에 결정하여야 한다. 기업 형태의 결정을 위하여 고려해야 할 사항은 〈표 11-1〉과 같다.

〈표 11-1〉 개인기업과 법인기업의 비교

구분	개인기업	법인기업
설립 절차	세무서에 사업자등록을 하면 설립 절차가 완료	설립등기 후 세무서에 법인설립신고 및 사업자등록을 하면 설립 절차가 완료
경영활동에 대한 책임	개인 사업주가 단독 무한책임을 부담	법인의 형태에 따라 무한책임 또는 유한책임을 부담
의사결정 과정	기업주 단독결정으로 법인에 비해 신속한 의사결정 가능	의사결정 내용에 따라 이사회 또는 주주총회의 결의 필요
기대되는 경영역량	개인의 경영능력에 의존하게 되며 개인의 창의노력 극대화 가능	소유와 경영의 분리로 인한 경영관리의 효율성 기대
자본조달	개인의 전액 출자로 자본조달의 한계가 존재	다수의 출자자로부터 자본조달이 가능
기업의 양도	부동산 등이 존재할 경우 개별적으로 이전 절차를 거침	출자금의 유가증권화가 가능하며 출자지분의 양도로 이전이 가능
이윤의 분배	이윤의 전부를 개인 기업주가 독점	출자자의 지분에 의하여 분배
기업의 영속성	개인기업주의 사망으로 기업 활동이 중지	대표의 유고 시에도 기업 활동의 유지가 가능
기업신용도	법인을 요건으로 하는 경우 법인기업에 비하여 불리	법인을 요건으로 하는 경우 개인 기업에 비하여 유리
대인접촉과 비밀유지	법인기업에 비해 유리	개인기업에 비해 불리
세금의 부담	소득금액이 일정 규모 이하일 경우 법인 기업에 비해 유리	소득금액이 일정 규모 이상일 경우 개인 기업에 비해 유리

3) 법인의 형태 결정하기

창업자가 법인기업으로의 설립을 결정했다면 법인기업의 형태에 따른 법적인 근거, 설립 절차 및 요건, 경영방식, 조직 변경에 관한 규정 등을 검토해 보아야 한다. 그리고 창업자는 검토 결과와 창업자의 보유 역량 및 환경 여건을 고려하여 향후 기업경영에 가장 적합하다고 판단되는 법인의 형태를 결정해야 한다.

〈표 11-2〉 법인의 형태별 비교

구분	주식회사	유한회사	유한책임회사	합자회사	합명회사	협동조합
법적 근거	상법	상법	상법	상법	상법	협동조합 기본법
책임	유한책임	유한책임	유한책임	유/무한 책임	무한책임	유한책임
발기인 수/ 사원 수	제한 없음	제한 없음	제한 없음	2인 이상	2인 이상	5인 이상
출자의 종류	금전, 현물(주식)	금전, 현물	금전, 현물	금전, 현물, 노무, 신용	금전, 현물, 노무, 신용	금전, 현물
정관 인증	10억 원 이상 발기설립 및 모집 설립 시	필요	불필요	불필요	불필요	필요
출자단위	1주에 100원 이상	1좌에 100원 이상	없음	없음	없음	없음
자본금기준	없음	없음	없음	없음	없음	없음
관선검사인 선임	변태설립 시 필요	불필요	불필요	불필요	불필요	불필요
의결기관	주주총회	사원총회	사원총회	사원총회	사원총회	조합원 총회
의결권	1주 1의결권	1좌 1의결권	1인 1의결권	무한책임 사원 동의	무한책임 사원 동의	1인 1의결권
주주와 사원의 이동 (지분의 양도)	원칙상 자유(정관에 양도제한 규정 가능)	좌동	다른 사원의 동의 필요/ 업무 집행 사원 외의 경우 업무 집행사원의 동의 필요	무한책임사원의 동의 필요	좌동	조합원 총회 결의

2. 법인 설립 준비하기

창업자들이 가장 선호하는 법인인 주식회사를 중심으로 법인 설립 절차를 설명한다.

1) 주식회사의 설립 준비

〈표 11-3〉 주식회사 설립 시 준비할 사항

구분	주요 내용
목적 사업	① 영위하고자 하는 주된 사업 내용을 우선하여 작성하되 향후 요구되는 사업 범위까지 검토하여 정관에 포함시킨다. ② 법률상 신고 및 인·허가 업종일 경우에는 반드시 목적사업에 해당 사업을 포함해야 한다.
자본금 규모	① 인·허가사업의 자본금은 법률상 최저 자본금 규모가 규정되어 있으므로 기준 자본금에 미달하지 않도록 해야 한다. ② 필요자금의 산정을 정확하게 하고 자금 조달 시기 및 사업계획 일정을 고려하여 자본금 규모를 결정해야 한다.
발기인	수는 제한이 없으나 1주 이상의 주식을 인수하여야 하고 정관에 서명 날인한다.
임원의 구성	① 임원은 이사와 감사로 구분되고 이사 및 감사의 수는 상법으로 규정되어 있다. 따라서 대표이사 및 이사, 감사 등 임원 구성은 회사의 향후 경영계획을 고려하여 결정해야 한다. ② 주식회사의 설립 경과 조사 보고는 발기인이 아닌 이사 또는 감사가 수행하도록 되어 있으므로 임원 구성 시 고려한다.
상호의 결정	동일한 등기소에서 동일한 사업 목적을 가진 상호는 등기할 수 없으므로 상호 결정 전에 대법원 홈페이지에서 상호를 검색해 보고 관할 등기소 등기관에게 사용 가능 여부를 확인하여야 한다.
본점 소재지의 결정	① 인·허가 사업의 경우 지역적인 제한 여부를 검토 ② 회사업무의 효율적인 운용이 가능한 지역을 선택 ③ 조세감면 여부를 검토하여 창업지역 선택
법인 인감도장 및 직인	① 상호명이 기입된 법인 인감도장을 준비한다. 도장의 규격은 지름 1cm~2.4cm 이내로 하는 것이 좋다. ② 문서의 발송 및 사용인감으로 사용할 수 있는 직인을 별도로 구비하여 사용할 필요가 있다.
주주명부	주주의 인적사항과 인수 주식 수 및 납입주식금액이 기재된 주주명부를 작성한다.

한편, 온라인 법인설립시스템을 이용할 경우 준비할 사항은 〈표 11-4〉와 같다.

〈표 11-4〉 온라인 법인설립시스템 이용 시 준비사항

구분	주요 내용
법인구성원 가입 및 개인 공동인증서	온라인 법인설립시스템 법인구성원가입/공동인증서 로그인/법인구성원[간편] 가능[법인/개인사업자 가입 불가] 공동인증서의 경우 은행에서 무료로 발급 가능한 개인공동인증서 필요 ☞ 전자서명 시 인증서가 필요하며 등록한 인증서는 중간에 재발급 및 변경을 자제
법인인감 인영	상호명이 기입된 법인인감도장 준비
주민등록등본상 주소 확인	기본정보의 구성원 정보 입력 시 현재 등본상 주소와 상이할 경우 등기신청이 불가하므로 사전에 확인 필요
등록면허세 감면 신청서류	관할 시, 군, 구청에서 감면 여부를 확인하고 감면 대상에 해당될 경우 감면사유 작성 및 증빙서류 스캔첨부 필요
스캐너	PC와 로컬로 연결된 Twain드라이버 버전의 스캐너 필요(안드로이드, IOS스토어 내 법인설립시스템 인감스캔 앱도 가능)
자본금 통장	자본금 납입 관련 잔액증명서를 발급받을 발기인 대표 명의의 입·출금 개인계좌가 필요(10억 원 미만 주식회사 발기설립의 경우). 단위농협, 신협, 제2금융권, 축협, 우체국 계좌와 정기예금, 마이너스, 적금, 예금, 평생계좌는 불가
구성원	대표자와 지분 없는 감사 총 2인으로 설립 가능하며 온라인 법인설립시스템 내에서는 최대 구성원 10인까지 가능
최저 자본금	법인설립을 위하여 계획하고 있는 자본금을 준비

2) 주식회사의 설립 절차

모집 설립과 발기 설립의 절차를 비교해서 서술하면 〈표 11-5〉와 같다.

〈표 11-5〉 주식회사 설립 절차

<table>
<tr><th>법인설립 절차</th><th>발기설립</th><th>모집설립</th></tr>
<tr><td>발기인의 구성</td><td colspan="2">• 1인 이상의 발기인이 필요하다. 발기인의 별도 자격은 없으나 1주 이상의 주식을 인수해야 한다.</td></tr>
<tr><td>상호의 결정</td><td colspan="2">• 동일한 등기소(동일한 특별시 · 광역시 · 시 또는 군) 내에서 동일한 목적의 동일한 상호 여부를 확인하고 등기신청을 제기하기 전에 관할 등기소의 등기관에게 동일상호 여부를 확인</td></tr>
<tr><td>정관의 작성</td><td colspan="2">• 정관을 작성하고 발기인 전원이 기명 날인 또는 서명
• 표준정관을 사용하거나 표준정관을 기준으로 수정</td></tr>
<tr><td>주식발행사항의 결정</td><td colspan="2">• 발행하는 주식의 종류와 수
• 액면 이상의 주식을 발행하는 때는 그 수와 금액</td></tr>
<tr><td>발기인의 주식인수</td><td>• 발기인이 모든 주식을 인수</td><td>• 발기인이 일부의 주식을 인수
• 발기인이 인수한 주식 이외의 주식은 모집주주가 인수</td></tr>
<tr><td>주주의 모집</td><td>–</td><td>• 발기인이 인수한 주식 이외의 주식을 모집</td></tr>
<tr><td>모집주주의 청약</td><td>–</td><td>• 주식청약서 2통에 인수할 주식의 종류 및 수와 주소를 기재하고 기명날인 또는 서명</td></tr>
<tr><td>발기인의 주식배정</td><td>–</td><td>• 청약자는 배정 주식을 인수</td></tr>
<tr><td>주금 납입</td><td colspan="2">• 금융기관에 주금 납입 후 주금납입증명서를 발급받는다.
(자본금 10억 원 미만 발기설립의 경우에는 잔고증명서로 가능)</td></tr>
<tr><td>창립총회</td><td>발기인총회의 개최</td><td>창립총회의 개최</td></tr>
<tr><td>변태설립사항의 조사</td><td colspan="2">• 변태설립사항이 있을 경우 검사인의 선임을 청구한다. 단, 현물출자에 대한 공증인 및 감정인의 감정결과 첨부도 가능</td></tr>
<tr><td>임원의 선임</td><td colspan="2">• 이사 3인, 감사 1인 이상과 대표이사를 선임한다. 단, 자본금 10억 원 미만인 회사는 1인 또는 2인을 이사로 선임할 수 있고, 감사는 선임하지 않을 수 있다.
• 이사는 사내이사, 사외이사, 비상무이사로 구분</td></tr>
<tr><td>설립경과의 조사</td><td colspan="2">• 이사와 감사 중(발기인이었던 자, 현물출자자 또는 회사설립 후 양수할 재산의 계약당사자인 자는 참가하지 못한다)에서 조사보고서를 작성</td></tr>
<tr><td>정관 및 의사록의 공증</td><td>• 자본금 10억 원 미만인 회사는 발기인의 기명날인 또는 서명으로 대체</td><td>• 공증인의 인증 필요</td></tr>
<tr><td>등록면허세의 납부</td><td colspan="2">• 관할 시, 군, 구에서 등록면허세 납부필증을 발급받아 은행에 납부</td></tr>
<tr><td>설립등기신청</td><td colspan="2">• 검사인 등의 설립 경과 조사 종료일 또는 창립총회가 종결한 날부터 2주간 이내 관할 등기소에 설립등기신청을 한다.</td></tr>
<tr><td>법인설립신고 및 사업자등록</td><td colspan="2">• 법인소재지 관할 세무서에 신고한다.</td></tr>
</table>

3) 협동조합의 설립 절차

협동조합 중 영리법인인 일반 협동조합은 5인 이상의 발기인(조합원)이 모여 시 · 도지사에게 신고 및 설립등기를 거쳐 설립할 수 있으며 그 절차는 〈표 11-6〉과 같다.

〈표 11-6〉 협동조합 설립 절차

설립 절차	주요 내용
발기인의 구성	조합원 자격을 갖춘 5인 이상의 발기인
정관의 작성	정관의 필수기재사항을 검토하여 정관 작성
설립동의자의 모집	창립총회 개의 전까지 발기인에게 설립동의를 제출한 자
창립총회	설립동의자 과반수의 출석과 출석자 2/3 이상의 찬성으로 의결
설립 신고	시 · 도지사에게 설립 신고서 제출
신고필증의 발급	시 · 도지사는 특별한 사유가 없으면 30일 이내에 신고필증을 발급하여야 한다.
사무인계인수	발기인은 설립 신고를 하면 지체없이 그 사무를 이사장에게 인계하여야 한다.
출자금의 납입	이사장이 그 사무를 인수하면 기일을 정하여 조합원이 되려는 자에게 출자금을 납입하게 하여야 한다.
설립등기신청	관할 등기소에 설립등기신청서를 제출
법인설립신고 및 사업자등록	법인소재지 관할 세무서에 신고

3. 주식회사 설립하기

법인의 설립은 설립등기를 함으로써 성립하고 존재하게 된다. 주식회사의 설립등기신청서는 다음과 같이 작성하여 제출할 수 있다.

1) 주식회사 설립신청서의 제출

① 제출자: 법인의 대표이사 또는 대리인(변호사 또는 법무사)이 제출할 수 있다.

② 제출 시기: 창립총회가 종결된 후 14일 이내에 제출하여야 한다.

③ 제출처: 본점 소재지를 관장하는 등기소에 법인설립등기신청서를 제출하여야 한다.

2) 주식회사의 설립등기신청 내용

① 등기의 목적: "주식회사 설립"으로 기재한다.

② 등기의 사유: 정관의 작성, 공증 여부, 발행한 주식의 총수 인수 내용, 「상법」상의 설립 절차의 종료 내용을 기재한다.

③ 본·지점 신청 구분: 본점 신청, 지점 신청, 본·지점 일괄신청으로 구분 표시한다.

④ 상호: 주식회사 ○○○○ 또는 ○○○○주식회사로 기재한다.

⑤ 본점: 정관에는 본점 소재지의 소재 시 또는 군까지 표시하나 등기신청서에는 본점 소재지를 소재 지번까지 기재한다.

⑥ 공고방법: 공고는 관보 또는 시사에 관한 사항을 게재하는 일간신문에 하여야 한다. 일반적으로 본점 소재지의 시, 도(市, 道) 수준의 지역명을 기재(서울특별시, 대전광역시 등)하고 공고할 매체(예: ○○신문, ○○일보 등)를 표시하여야 한다.

⑦ 1주의 금액: 100원 이상으로 균일하여야 한다.

⑧ 발행할 주식의 총수: 회사가 장래 발행할 주식의 총수(수권 주식 수)를 기재한다.

⑨ 발행주식의 총수와 그 종류 및 각각의 수: 회사설립 시에 발행주식으로서 회사설립 시 주주들에게 할당된 출자지분의 총수(주식 수)를 기재한다. 우선 주식, 후배 주식 등 여러 종류의 주식을 발행하는 경우에는 그 종류, 내용과 수도 기재하여야 한다.

⑩ 자본금 총액: 1주의 금액에 발행주식 총수를 곱한 금액을 기재한다.

⑪ 목적: 영리사업이기만 하면 아무 제한이 없으나 그 영업 내용을 명확히 알 수 있도록 구체적으로 기재해야 한다. 예컨대, '제조업', '수출입업', '도 · 소매업' 등과 같이 불분명하게 기재하여서는 안 되며, '컴퓨터 및 주변기기 도 · 소매업', '의료기자재 수출입업 및 도 · 소매업'과 같이 구체적으로 특정하여야 한다.

⑫ 이사 • 감사의 성명 및 주민등록번호: 정관에서 정하는 수 이상의 이사 및 감사의 성명과 주민등록번호를 기재한다.

⑬ 대표이사의 성명, 주민등록번호 및 주소: 회사를 대표할 이사(집행 임원 설치 회사의 경우에는 집행 임원)의 성명, 주민등록번호 및 주소를 기재한다.

⑭ 종류주식의 내용: 정관의 규정에 따라 이익의 배당, 잔여 재산의 분배, 주주총회에서의 의결권의 행사, 상환 및 전환 등에 관하여 내용이 다른 종류 주식을 발행한 경우 그 내용을 기재한다.

⑮ 지점: 본점과 같게 소재 지번까지 기재하여야 한다.

⑯ 존립기간 또는 해산 사유: 정관으로 회사의 존립기간이나 해산 사유를 정하였을 때 기재한다.

⑰ 기타: 주식의 양도에 관하여 이사회의 승인을 얻도록 정한 때, 주식매수선택권을 부여하도록 정한 때는 그 규정, 명의 개서 대리인을 둔 때는 그 상호와 본점 소재지 등을 기재한다.

⑱ 신청등기소 및 등록면허세/수수료: 법인설립신청서를 제출하는 등기소의 명칭과 관할 시, 군, 구에서 발급받은 등록면허세 납부 필증 상의 등록면허세, 지방교육세, 농어촌특별세, 세액 합계 및 등기신청수수료를 기재한다.

⑲ 과세표준액: 자본금의 총액을 기재한다.

⑳ 첨부서면: 등기신청서에 첨부하는 서면을 기재해야 한다.

㉑ 신청인 등: 설립등기를 신청하는 법인의 상호와 본점, 대표이사의 성명과 주소를 기재하며, 위임받은 대리인이 신청할 경우 대리인의 성명과 주소를 기재한다. 대표이사는 등기신청과 동시에 제출하는 법인 인감도장을 날인하여야 하며 대리인의 경우는 날인할 도장에 대한 제한은 없다.

주식회사설립등기신청

접수	년 월 일	처 리 인	등기관 확인	각종 통지
	제 호			

등기의 목적	주식회사 설립
등기의 사유	
본/지점 신청구분	1. 본점신청 ☐ 2. 지점신청 ☐ 3. 본·지점 일괄신청 ☐
등기할 사항	
상호	
본점	
공고방법	
1주의 금액	
발행할 주식의 총수	
발행주식의 총수와 그 종류 및 각각의 수	
자본금 총액	

등기할 사항	
목적	
이사 · 감사의 성명 및 주민등록번호	
대표이사의 성명과 주소	
종류주식의 내용	
지점	
존립기간 또는 해산사유	
기 타 (주식의 양도에 관하여 이사회의 승인을 얻도록 정한 때에는 그 규정, 명의개서대리인을 둔 때에는 그 상호와 본점 소재지 등)	

신청등기소 및 등록면허세/수수료						
순번	신청등기소	구분	등록면허세 지방교육세	농어촌특별세	세액합계	등기신청 수수료
			금 원 금 원	금 원	금 원	금 원
합 계						
등기신청수수료 납부번호						
과 세 표 준 액	금 원					

첨 부 서 면

1. 정관(자본금 10억 원 이상일 경우 공증받은 것) 통
1. 주식의 인수를 증명하는 서면 통
1. 주식발행사항동의서 통
1. 발기인회의사록(자본금 10억 원 이상일 경우 공증받은 것) 통
1. 이사회의사록(공증받은 것) 통
1. 주금납입보관증명서 또는 잔고증명서 통
1. 재산인도증 통
1. 이사·감사 또는 감사위원회의 조사보고서 통
1. 공증인의 변태설립사항보고서 통
1. 공인된 감정인의 감정서 통
1. 검사인조사보고서등본 통
1. 취임승낙서(인감증명서나 본인서명사실확인서 또는 전자본인서명확인서의 발급증 포함) 통
1. 명의개서대리인과의 계약서 통
1. 주민등록표등(초)본 통
1. 인감신고서 통
1. 등록면허세영수필확인서 통
1. 등기신청수수료영수필확인서 통
1. 위임장(대리인이 신청할 경우) 통

<기 타>

년 월 일

신청인 상 호
본 점
대표이사 성 명 (인) (전화 :)
주 소
대리인 성 명 (인) (전화 :)
주 소

지방법원 등기소 귀중

(용지규격 21㎝×29.7㎝)

[그림 11-1] 주식회사 설립등기신청서

- 신청서 작성요령 -
1. 해당란이 부족할 때에는 별지를 이용합니다.
1. 해당 등기신청과 관계없는 사항에 대하여는 "해당없음"으로 기재하거나 삭제하고, 필요한 사항은 추가 기재합니다.
1. 「인감증명법」에 따른 인감증명서 제출과 함께 관련 서면에 인감을 날인하여야 하는 경우, 본인서명사실확인서를 제출하고 관련 서면에 서명을 하거나 전자본인서명확인서 발급증을 제출하고 관련 서면에 서명을 하면 인감증명서를 제출하고 관련 서면에 인감을 날인한 것으로 봅니다.

4. 협동조합 설립하기

1) 협동조합의 설립 신고

협동조합을 설립하려는 경우에는 5인 이상의 조합원 자격을 가진 자가 발기인이 되어 정관을 작성하고 창립총회의 의결을 거친 후 주된 사무소의 소재지를 관장하는 시·도지사에게 신고하여야 한다. 협동조합의 설립 신고를 위해서는 다음의 서류를 작성하여 제출해야 한다.

① 정관 사본

② 창립총회 개최공고문

③ 창립총회 의사록 사본

④ 임원 명부
- 임원 명부에 임원의 이력서 및 사진을 첨부
- 사진: 가로 3cm, 세로 4cm
- 이력서에 사진을 첨부한 경우에는 사진 추가 제출 불필요

⑤ 사업계획서

⑥ 수입·지출 예산서

⑦ 출자 1좌(座)당 금액과 조합원별로 인수하려는 출자 좌수를 적은 서류

⑧ 설립동의자 명부

⑨ 개인정보 제공 및 활용 동의서

⑩ 「협동조합기본법」 제56조에 따른 합병 및 분할에 의한 설립의 경우에는 합병 또는 분할을 의결한 총회 의사록

<협동조합의 정관에 포함될 사항>

① 목적
② 명칭 및 주된 사무소의 소재지
③ 조합원 및 대리인의 자격
④ 조합원의 가입, 탈퇴 및 제명에 관한 사항
⑤ 출자 1좌의 금액과 납입방법 및 시기, 조합원의 출자좌수 한도
⑥ 조합원의 권리와 의무에 관한 사항
⑦ 잉여금과 손실금의 처리에 관한 사항
⑧ 적립금의 적립방법 및 사용에 관한 사항
⑨ 사업의 범위 및 회계에 관한 사항
⑩ 기관 및 임원에 관한 사항
⑪ 공고의 방법에 관한 사항
⑫ 해산에 관한 사항
⑬ 출자금의 양도에 관한 사항
⑭ 그 밖에 총회 · 이사회의 운영 등에 필요한 사항

2) 협동조합의 설립등기신청

협동조합은 출자금의 납입이 끝난 날부터 14일 이내에 주사무소 소재지를 관장하는 등기소에서 다음의 서류를 준비하여 설립등기를 하여야 한다. 협동조합은 설립등기를 함으로써 법인격이 부여되며 설립이 성립된다. 제출할 서류는 다음과 같다.

① 설립등기신청서

② 정관: 원칙적으로 원본을 제출하나 원본 지참 시 사본 제출 가능

③ 창립총회 의사록: 공증받은 원본을 제출

④ 임원의 취임승낙서, 인감증명서: 법인이 임원일 때는 법인의 취임승낙서와 직무수행자의 선임증명서 · 인감증명서

⑤ 주민등록 등 · 초본: 임원 전원의 서류를 제출하여야 하며, 법인이 임원일 때

는 직무수행자의 주민등록 등·초본을 제출

⑥ 주무 관청의 설립 신고필증 또는 설립인가증

⑦ 출자금 총액의 납입 증명서: 금융기관이 작성한 잔고 증명서나 이사장이 발행한 출자금 납입 확인서 등 모두 가능하며, 현물출자가 있는 경우 현물출자재산인계서 또는 출자재산영수증을 함께 제출

⑧ 대표자의 인감신고서

⑨ 등록면허세 영수필 확인서

⑩ 위임장: 대리인이 신청할 경우

⑪ 합병이나 분할로 인한 설립 시 채권자 보호 절차를 종료하였음을 증명하는 서류

5. 사업자등록 및 4대 사회보험 신고하기

1) 법인설립신고 및 사업자등록

법인의 설립등기가 완료되면 본점 소재지를 관장하는 세무서에 사업자등록 및 법인설립신고서를 제출하여야 한다. 사업자등록은 사업장마다 하여야 하며 법인의 사업장이 여럿이면 각각의 사업장마다 별도의 사업자등록을 하여야 한다.

법인설립신고는 그 설립등기일부터 2개월 이내에 하여야 한다. 그러나 법인의 사업자등록은 사업 개시일부터 20일 이내에 하여야 하며 사업자등록을 한 경우에는 법인설립신고를 한 것으로 간주하고 있다. 따라서 법인을 설립하면 바로 법인설립 신고 및 사업자등록을 하는 것이 좋다. 이때 제출할 서류는 다음과 같다.

① 정관 1부(외국 법인만 해당)

② 임대차계약서 사본(사업장을 임차한 경우만 해당) 1부

③ 「상가건물 임대차보호법」의 적용을 받는 상가건물 일부를 임차한 경우에는 해당 부분의 도면 1부
④ 주주 또는 출자자명세서 1부
⑤ 사업허가 · 등록 · 신고필증 사본(해당 법인만 해당) 또는 설립허가증 사본(비영리 법인만 해당) 1부
⑥ 현물출자명세서(현물출자법인의 경우만 해당) 1부
⑦ 자금출처소명서(금지금 도 · 소매업 및 과세 유흥장소에 영업을 영위하려는 경우만 해당) 1부
⑧ 본점 등의 등기에 관한 서류(외국 법인만 해당) 1부
⑨ 국내사업장의 사업 영위 내용을 입증할 수 있는 서류(외국 법인만 해당하며, 담당 공무원 확인사항에 의하여 확인할 수 없는 경우만 해당) 1부
⑩ 신탁 계약서(법인 과세 신탁재산의 경우만 해당) 1부
⑪ 사업자 단위 과세 적용 신고자의 종된 사업장 명세서(법인사업자용), (사업자 단위 과세 적용을 신청한 경우만 해당) 1부

2) 4대 사회보험의 신고

법인이 설립되면 반드시 4대 사회보험 신고를 하여야 한다. 4대 사회보험은 고용보험, 산업재해보상보험, 국민연금, 의료보험을 말하며 근로자를 사용하는 모든 사업장은 반드시 가입하여야 한다.

(1) 근로자의 범위

국민연금/국민건강보험의 근로자는 법인의 임원과 대표자를 포함하며, 고용 · 산재보험의 근로자는 법인의 대표자를 포함하지 않고 「근로기준법」 제2조 제1항 제1호에 따른 근로자를 말한다.

(2) 4대 사회보험의 신고방법

4대 사회보험의 신청과 각종 변경 및 탈퇴에 관한 신고는 4대 보험 공통서식으로 모든 행정절차를 수행할 수 있으며, 사업장에서 한 곳에만 신고하거나 4대 사회보험 정보연계센터(http://www.4insure.or.kr)에서 편리하게 사업장 설립 신고를 하여 원스톱으로 신고할 수 있다.

[그림 11-2] 4대 사회보험 정보연계센터 홈페이지

(3) 4대 사회보험의 신고 절차

첫째, '4대 사회보험 포털사이트'에 회원 가입을 한다.

둘째, 사업장 성립신고를 위해서는 사업장용 공동인증서가 있어야 하며 이를 홈페이지에 등록한다.

셋째, 4대 보험 성립신고를 한다.

CARD

Chapter 12

창업자의 자기관리

1. 자기 탐색과 이해
2. 창업과 목표관리
3. 창업자를 위한 시간관리
4. 창업 성공을 위한 인맥관리

Chapter 12 창업자의 자기관리

1. 자기 탐색과 이해

1) 창업자, 나는 누구인가?

사람들은 누구나 자신의 가치관과 신념에 따라 생각하고 행동한다. 그리고 일상생활을 하면서 자신만의 고유한 방식으로 다른 사람과 관계를 맺으며 살아간다. 이때 사람들은 모든 삶의 문제를 바라보고 해결하는 데 있어 자신만의 고유한 필터를 사용한다. 즉, 자신만의 독특한 선글라스를 끼고 다른 사람과 세상을 보는 것이다. 따라서 자신이 어떤 색의 선글라스를 끼고 있느냐에 따라 다른 사람을 보는 방식과 일을 처리하는 방식이 달라질 수 있다. 이처럼 저마다 독특한 방식으로 살아가는 사람들이 서로 다르다는 것을 아는 것은 중요한 일이다.

누구에게나 잘 맞는 유망 직종이나 어느 시대에나 좋은 창업아이템은 없다. 중요한 것은 자신에게 맞는 직종이 무엇인지, 자신에게 잘 맞는 창업아이템은 무엇인지를 잘 파악하는 것이다. 그 출발점은 자신이다. 창업자로서 자신이 원하는 것을 꼭 이루고 싶다면, 가장 먼저 해야 할 일은 자신을 제대로 아는 것이다. 현재 자신의 모습을 제대로 알려면 거울을 보면 된다. 거울 속에 비친 나를 보고 자신을 스스로 점검해 보는 것이다. 창업자에게 가장 소중한 일은 자신의 재능과 강점을 아는 것이고, 가장 잘 할 수 있는 일을 찾는 것이다. 그것이 성공의 지름길이다.

이런 일은 능동적으로 해야지 억지로 해서 될 일이 아니다. 스스로 원해서 하는 것이 아니라면 자신을 온전하고 제대로 이해하기 힘들다. 따라서 창업자로서 자신의 다양한 모습을 제대로 알기 위해서는, 스스로 원하는 시간에 원하는 만큼 자발적으로 진행하는 것이 바람직하다(실습 12-1).

실습 12-1 나 알아보기

- **목적**: 지난 일들과 현재의 모습 속에서 자신이 어떤 사람인지 알아본다.
- **진행방법**: 다음 질문에 대답하면서 자신의 내면에서 말하는 것을 적어본다.

질문	자신의 대답
아주 어렸을 적 나의 꿈은 무엇이었는가?	
지금까지 내 삶에서 가장 즐거웠던 순간은 언제였는가?	
주변 사람들에게 나는 어떤 사람이었는가?	
지금 떠오르는 나의 강점과 재능은 무엇인가?	
내가 정말 원하는 것은 무엇인가?	
반드시 이루어진다면, 나는 어떤 일을 꼭 하고 싶은가?	
창업을 결심한 계기나 이유는 무엇인가?	
앞으로 1년 동안 내게 가장 중요한 일은 무엇인가?	

2) 자기 탐색을 위한 도구

자신의 모습을 객관적으로 알기 위해 활용할 수 있는 도구는 다양하다. 성격, 적성, 가치관, 흥미, 욕구, 평소 행동, 스트레스 행동, 조직 내에서의 행동 등을 파악할 수 있는 많은 도구가 개발되어 있다. 그 진단 결과들을 바탕으로 창업과 관련한 의사결정에 참고하는 것은 의미 있는 일이다. 여기서는 그중에서 대표적으로 활용되는 몇 가지만 소개하기로 한다.[1)] 다만, 조심할 것은 각각 진단 결과들이 자신을 이해하는 데 도움을 주지만, 자신이 구상하고 있는 사업과 자신의 미래를 예측할 수 있는 절대적인 자료는 아니라는 점이다(실습 12-2).

(1) MBTI와 빅파이브 모형

MBTI(Myers Briggs Type Indicator) 검사는 가장 널리 알려진 성격평가도구로서, 모두 16가지의 성격 유형을 제시하고 있다. 이 검사에서는 외향성과 내향성, 감각과 직관, 사고와 감정, 그리고 판단과 지각 등 네 가지 기준에 따라 사람들의 성격을 구분하고 있다.

한편, 빅파이브(Big Five) 모형은 사람들의 행동을 묘사하는 특성을 비슷한 것끼리 묶어서, 크게 5가지 차원, 즉 외향성, 친화성, 감정적 안정성, 성실성, 그리고 경험에 대한 개방성으로 나누어 사람들의 성격을 설명하고 있다. 이것은 MBTI 검사보다 분류기준이 적고 설명력이 다소 높아서 실제 현장에서 많이 사용되고 있고, 다른 진단검사의 개발에 영감을 주기도 한다.

(2) 직업적성검사

적성은 '한 개인이 가지고 있는 잠재적인 능력으로서, 어떤 일이나 업무를 잘 처리할 수 있는 능력'을 말한다. 대개 개인의 적성에 따라 직업을 선택하는 경향이 있어서 실제로 직업적성검사가 많이 행해지고 있다. 직업적성검사는 구체적인 특정 활동이나 직업에 대한 미래의 성공 가능성을 예측할 수 있는 인간의 잠재력을 측정할 목적으로 개발된 것이다. 직업적성검사는 한국고용정보원 워크넷(http: //www.work.go.kr)에서 할 수 있다.

(3) 직업선호도검사

사람은 누구나 자신이 좋아하는 것과 싫어하는 것이 있다. 자신이 흥미를 갖고 하고 싶은 일이 있지만, 전혀 흥미를 느끼지 못하는 것도 있다. 이처럼 개인의 성격 특성과 특정 직업에 대한 흥미 간의 관계를 밝힌 것이 홀랜드(Holland)의 '흥미 육각형 모형'에 근거한 직업선호도검사이다. 이 검사에서는 사람들을 현실형(realistic), 탐구형(investigative), 예술형(artistic), 사회형(social), 진취형(enterprising), 그리고 관습형(conventional)으로 구분하여 설명하고 있다. 직업선호도검사(L형)는 한국고용정보원 워크넷(http://www.work.go.kr)에서 할 수 있다.

(4) 직업가치관검사

'한 개인이 중요하게 생각하는 결정이나 기준'을 가치(values)라고 하고, 이것들이 모여 한 사람의 생각, 감정 등을 형성하는데, 이것을 통틀어 가치관이라고 한다. 가치관은 무엇이 옳은지에 대해 판단하는 기준을 제공하기 때문에 개인의 행동, 사고 그리고 일상생활에서 선택과 결정을 할 때 중요한 역할을 한다. 직업이나 사업을 결정할 때도 마찬가지다. 자신이 하고자 하는 사업이 자신의 흥미와 적성에는 맞지만 가치관에 부합하지 않는다면 그 사업을 선택하기는 어렵다. 직업가치관검사는 한국고용정보원 워크넷(http://www.work.go.kr), 한국직업능력개발원 커리어넷(http://www.careernet.re.kr)에서 할 수 있다.

실습 12-2 진단 도구를 통해 내 모습 알아보기(1)

- **목적**: 자기 탐색 도구를 통해 자신을 객관적으로 알아본다.
- **진행방법**: 진단 결과를 바탕으로 자신의 모습과 관련되어 새롭게 알게 된 사실을 적어본다.

구분	진단 결과 요약	진단을 통해 새롭게 알게 된 사실
MBTI		
직업 적성 검사		
직업 선호도 검사 (L형)		
직업 가치관 검사		

3) 다각적인 자기 이해와 강점 발견

앞서 설명한 도구들을 활용하여 얻은 결과만 가지고 자신의 모습을 모두 이해하기는 힘들다. 그것들은 자신의 특정한 부분을 집중적으로 알아보는 검사이기 때문이다. 그런데 창업이란 내가 가진 모든 것뿐만 아니라 내가 활용할 수 있는 다양한 자원까지 모두 동원하여, 다른 사람과의 관계 속에서 전개하는 종합적인 활동이다. 따라서 사업을 전개하고 싶은 창업자는 자신을 더 다양하고 심층적으로 이해하는 데 도움을 주는 도구를 추가로 활용할 필요가 있다(실습 12-3).

(1) 타인이 보는 나, 조직 속에서의 자기 이해

버크만 진단은 온라인 기반을 중심으로 진행되는데, 자신이 생각하는 나뿐만 아니라 타인이 보는 나와 조직 속에서 나의 모습을 이해하는 데 효과적인 도구이다. 한 개인의 흥미, 평소 행동, 욕구와 스트레스 행동, 그리고 조직 속에서 보이는 나의 모습(조직지향점)을 종합적으로 확인할 수 있어서, 다양한 나의 모습을 이해하는 데 큰 도움을 준다. 창업은 다른 많은 사람과 협업이 필요한 총체적인 활동이다. 나와 구성원들이 생산한 재화와 용역을 최종 고객들에게까지 어떻게 효과적으로 전달하느냐에 따라 성패가 갈라진다. 따라서 다른 사람이 나를 어떻게 생각하는지, 조직 내에서 나와 상대방은 어떤 점 때문에 조화롭고 또 다툴 수 있는지를 미리 알아보는 것은 창업자에게 의미 있는 일이다. 버크만 진단은 버크만코리아 홈페이지(http://www.birkmankorea.co.kr)에서 할 수 있다.

(2) 강점 발견

성공한 사람들을 관찰해 보면, 그들은 자신의 타고난 강점을 계발하고 학습과 경험을 통해 그것들을 더욱 단련시킴으로써 강점을 강화한 것을 알 수 있다. 창업자도 자신의 약점과 단점을 고치는 데 시간과 노력을 투자하는 것보다 자신의 대표적인 강점을 완벽하게 계발하는 것이 훨씬 더 생산적이다. 예컨대, 빌 게이츠는 마이크로소프트의 사업 전략을 세우는 데 강점을 지니고 있지만, 회사의 재무구조 개선이나 경영 전반을 총괄하는 데 너무 많은 에너지를 소비하지 않으려고 한다.

강점(strengths)은 '한 가지 일을 완벽에 가까울 만큼 일관되게 처리하는 능력'으로서, '한 사람의 독특함과 개성을 잘 보여주는 긍정적인 특징'을 말한다.[2] 강점은 갤럽(Gallup)사의 홈페이지(http://www.gallupstrengthscenter.com)나 행동가치(Values-in-Action) 측면의 강점을 검사할 수 있는 홈페이지(http://www.authentichappiness.org)에서 확인할 수 있다.

4) 창업적성검사를 통한 자기 이해

앞서 설명한 도구들을 활용하여 자신의 여러 가지 모습을 알아본 후에 창업자라면 한 가지를 더 점검해 보아야 한다. 바로 자신이 창업에 필요한 것들을 잘 갖추었는지 검사하는 것이 필요하다. 창업적성검사는 창업을 희망하는 개인에게 창업 소질이 있는지를 진단해 주고, 가장 적합한 업종이 무엇인지를 추천해 주는 검사이다. 창업 활동에 필요한 12가지 요인을 중심으로 측정하는데, 한국고용정보원 워크넷(http://www.work.go.kr)에서 검사할 수 있다.

실습 12-3 진단 도구를 통해 내 모습 알아보기(2)

- **목적**: 자기 탐색 도구를 통해 자신을 객관적으로 알아본다.
- **진행방법**: 진단 결과를 바탕으로 자신의 모습과 관련되어 새롭게 알게 된 사실을 적어본다.

구분	진단 결과 요약	진단을 통해 새롭게 알게 된 사실
버크만 진단		
강점 발견		
창업 적성 검사		

2. 창업과 목표관리

1) 목표의 정의와 역할

여러 분야에서 성공한 사람들의 공통점은 많지만, 그중의 하나가 확실한 목표를 가지고 있다는 것이다. 성공한 사람들은 자신이 가야 할 곳을 분명히 알고 있었고, 그 길을 묵묵히 걸어간 결과 자신들이 원하는 것들을 얻은 사람들이다. 사업을 시작할 때 자신이 도달할 목표를 분명히 세우지 않았는데, 어느 날 우연히 원하는 결과를 얻게 된 창업자는 있을 수 없다.

일반적으로 목표란, '어떤 사람이 미래에 도달할 본보기이고, 그가 행동하도록 촉진하고 이끌어 주는 것'이며, '그가 하는 일이나 업무를 잘 수행하는지를 알 수 있는 척도'이다. 창업에 있어서 목표, 즉 창업 목표는 창업자가 미래에 도달할 본보기이고, 창업자에게 필요한 행동을 꾸준히 하도록 이끌어 주는 것이며, 그가 하는 일과 업무를 잘 수행하는지를 파악할 수 있는 기준이다. 물론 장기적으로 보면 창업을 통해 궁극적으로 이루고자 하는 창업자 자신의 인생 목표도 여기에 포함될 수 있다.

창업에 있어 목표는 다음과 같은 역할을 한다.

첫째, 목표는 순간마다 무언가를 선택해야 할 때 확실한 지침을 제공해 준다. 창업하면 주어진 시간 속에서 수많은 것을 선택해야 한다. 어떤 방법이 매출을 더 올리는 방법인지 선택해야 하고, 비용을 줄이는 방법은 어떤 것인지를 선택해야 한다. 이때 목표는 창업자가 원하는 결과를 얻기 위해 꼭 해야 하는 활동에 자원과 시간을 집중하고, 상대적으로 덜 가치 있는 일에 자원을 소비하는 시간을 줄이는 데 도움을 준다.

둘째, 목표는 어떤 일을 효과적으로 해결하는 방법을 찾는 데 도움을 준다. 창업자가 어떤 목표를 세우면 자신의 주변에서 보이는 일들과 사물들을 모두 목표와 관련지어 생각하게 된다. 그러면 새로운 아이디어가 잘 떠오르고, 사업 진행에 필요한 정보들이 예전보다 눈에 잘 띈다.

셋째, 목표는 역경과 어려움 속에서도 쉽게 포기하지 않게 한다. 창업자가 사업을 진행하다 보면 수많은 어려움과 난관에 부딪힐 것이고, 그때마다 그만두고 싶을 때도 있을 것이다. "그 돈으로 여행을 갔다면 어떠했을까?", "내가 그런 욕을 먹으면서 도대체 이 일을 왜 하지?", "언제까지 이런 단순한 일을 반복해야 하는가?", "이렇게 하면 정말 사업이 성공할까?" 등의 생각이 들면, 하던 사업을 포기하고 싶을 것이다. 이럴 때 목표는 창업자가 그 일을 계속하고 그 시장에서 살아남아야 하는 이유를 깨닫도록 도움을 준다. 창업자의 분명한 목표는 의욕을 자극하고, 다시 힘을 내게 하는 촉진제이다. "아니야, 나에겐 꼭 이루어야 할 목표가 있어. 그래 조금만 더 힘내자."

마지막으로, 목표는 성취감을 지니게 하고 반복되는 일상 속에서 느낄 수 있는 지겨움을 줄여준다. 그래서 목표 없이 하는 일은 쉽게 지겨워진다. 그러나 목표가 있으면 그것을 이루었다는 성취감을 느낄 수 있으니 일이 지겹지 않다. 집 청소와 내가 경영하는 작은 커피숍 청소가 다르고, 집 안에서 하는 설거지와 내가 운영하는 토스트 가게에서 하는 설거지가 다른 것은 분명한 목표가 있느냐 없느냐의 차이이다.

2) 목표를 세우는 방법: SMART 규칙[3)]

(1) 목표는 구체적이고 명확해야 한다(Specific)

목표는 구체적이고 분명할수록 달성할 가능성이 커진다. 예컨대, '이 분야에서 당대 최고가 될 거야', '언젠가는 부자가 될 거야'라는 식의 막연한 기대에 근거한 목표는 달성되기 어렵다. 이런 것보다는 '10년 내 쇼핑몰 분야에서 국내 최고의 전문가가 될 거야', '40세가 되는 해의 마지막 날까지 3억 원을 벌 거야'라는 식으로 구체적인 목표를 설정해야 달성하기가 쉬워진다.

(2) 목표는 측정 가능해야 한다(Measurable)

목표는 구체적으로 명확한 숫자로 측정 가능해야 달성할 가능성이 커진다. 예컨대, '단시간에 사업자금을 마련할 거야'라는 목표보다, '3개월 이내에 사업자금 300만 원을 마련할 거야'라는 식으로 목표를 세우는 것이 달성할 가능성이 훨씬 크다. 왜냐하면, 구체적인 숫자로 표시된 목표에 대해서는 피드백을 받을 수 있고, 성취 정도를 쉽게 파악할 수 있기 때문이다.

(3) 목표는 행동 지향적이어야 한다(Action-oriented)

목표는 사고 중심적인 것이 아니라 행동 지향적인 형태로 세워야 달성하기 쉽다. '열심히 일하는 사업가가 될 것이다'라는 식의 목표를 갖는다면 달성하기가 쉽지 않다. 왜냐하면, 실천해야 할 행동이 구체적으로 명시되어 있지 않기 때문이다. 예컨대, 열심히 일하는 사업가가 되고 싶다면, '매일 2시간씩 창업 관련 도서와 경제신문을 읽고, 일주일에 한 사람씩 성공한 창업자를 면담한다'라는 식으로 바꾸는 것이 바람직하다.

(4) 목표는 현실적이고 실현 가능해야 한다(Realistic)

스스로 세운 목표를 달성하려면 구체적이면서도 실현할 수 있어야 한다. 예컨대, 1년 안에 백만장자가 되겠다거나 창업 3개월 내 지점을 전국 50여 곳에 개설하겠다는 목표는 실현하기 어려운 목표들이다. 모든 계단은 하나씩 올라가야 하듯이 큰 목표를 이루려면 실현할 수 있는 수준으로 단계를 나누고 점진적으로 실천해야 한다.

(5) 시간배정을 적절히 하고, 당장 실천해야 한다(Time-based)

목표를 잘 성취하려면 필요한 시간을 적절하게 배분하고 바로 실천하는 것이 중요하다. 목표를 이루지 못하는 사람들의 특징 중의 하나는 목표달성에 걸리는 시간을 적절하게 배분하지 못하거나, 목표달성에 필요한 실질적인 행동 없이 우물쭈물한다는 것이다. 40세까지 3억 원을 모으는 것이 목표라면, 지금 바로 1천 원이라도 들고 가까운 은행으로 달려가야 한다(실습 12-4).

실습 12-4 'SMART' 규칙에 따라 목표 세우기

- **목적**: 자신의 창업과 관련한 목표를 직접 세워본다.
- **진행방법**: 규칙에 따라 자신의 창업 관심 분야에 대한 구체적인 목표를 적어본다.

구분		목표
S (구체적)	다른 사람도 알 수 있도록 구체적으로 작성함	
M (측정 가능)	목표달성 여부, 진행 정도를 알 수 있도록 수치화함	
A (행동 지향)	구체적으로 실행할 수 있는 행동 중심으로 작성함	
R (현실적)	자신의 능력으로 현실에서 달성할 수 있어야 함	
T (시간 설정)	목표달성 시간을 설정함	
실습으로 새롭게 알게 된 사실		

3. 창업자를 위한 시간관리

1) 시간의 정의와 특징

많은 사람이 시간이 없거나 부족하다며 어려움을 호소하고 있다. 주어진 시간은 한정되어 있는데, 할 일은 너무 많다는 것이다. 창업을 구상하고 있을 때는 시간이 부족하다는 것을 더욱 실감한다. 그런데 실제로 "시간이 정말 없다"라는 사람을 만나보면, 주어진 시간을 잘못 관리하거나 낭비하는 시간이 많다는 것을 알 수 있다.

웹스터 사전에서는 시간을 '과거로부터 현재를 거쳐 미래로 이어지며 일어나는 사건들의 연속체'라고 정의하고 있다. 즉, 크고 작은 사건들이 이어진 것이 결국 시간이다. 누구든 시간을 어떻게 잘 관리하느냐에 따라 삶의 모습이 달라진다. 시간은 다음과 같은 특징을 지니고 있다[4](실습 12-5).

- 시간은 변경할 수 없다.
- 시간은 저장할 수 없다.
- 시간은 늘릴 수 없다.
- 시간은 양도할 수 없다.
- 시간은 끊임없이 한결같은 속도로 지나가며, 취소할 수도 없다.

실습 12-5 학습파트너와 토론하기: “시간의 특징”

- **목적**: 팀원들과 토론을 통해 시간은 어떤 특징을 지니고 있는지 이해한다.
- **진행방법**: 관련 참고자료를 바탕으로 팀원들과 시간의 특징에 대해 의견을 나누어 보고, 그 결과를 정리해 본다.

No.	시간의 특징	이 특징이 의미하는 바에 대한 토의 결과
1	시간은 변경할 수 없다.	
2	시간은 저장할 수 없다.	
3	시간은 늘릴 수 없다.	
4	시간은 양도할 수 없다.	
5	시간은 끊임없이 한결같은 속도로 지나가며, 취소할 수도 없다.	
토의를 통해 새롭게 알게 된 사실		

2) 시간관리방법

(1) 시간관리의 정의

시간관리란 일상생활을 하는 데 필요한 시간을 의미 있게 잘 사용하는 것으로, 자신의 인생을 의식적으로 조절하되, 다른 사람의 의견이나 생활환경의 영향을 덜 받는 것을 말한다. 시간관리는 좁은 의미에서 비효율적인 시간 낭비를 제거하는 것이고, 넓은 의미에서 자기관리와 인생 전체를 잘 관리하는 것을 말한다.

시간관리를 잘 하면 다음과 같은 10가지 장점이 있는데,[5)] 창업에도 그대로 적용된다.

- 시간을 낭비하지 않고 업무를 처리할 수 있다.
- 일(업무)에 대한 계획과 준비를 더 잘 할 수 있다.
- 작업 결과가 좋아진다.
- 정신없이 서두르지 않아도 되고, 스트레스도 덜 받게 된다.
- 일에 대한 만족도가 더 커진다.
- 일을 하고자 하는 동기 유발이 더 잘 된다.
- 좀 더 어려운 업무도 처리할 수 있는 능력이 생긴다.
- 업무와 업적에 대한 압박감이 줄어든다.
- 업무상의 실수가 줄어든다.
- 일에 대한 목표달성뿐만 아니라 인생의 목표달성도 더 쉬워진다.

결국 시간관리를 잘 할 때 가장 좋은 점은, 항상 빠듯하기만 했던 시간을 절약해서 자신이 원하는 창업에 잘 활용할 수 있다는 것이다. 대학생들에게도 시간은 정말 중요한 자원이고, 이것을 어떻게 활용하느냐에 따라 자신의 현재와 미래의 모습이 달라진다(실습 12-6).

실습 12-6 성공한 사람들의 시간 관리비법 찾아보기

- **목적**: 성공한 사람들의 시간 관리비법을 이해한다.
- **진행방법**: 관련 참고자료를 검색하여 성공한 사람은 시간을 어떻게 관리하고 있는지 찾아보고 그 결과를 정리해 본다.

No.	인물(성명/직업)	그 사람의 시간관리비법과 특징
1		
2		
3		

실습으로 새롭게 알게 된 사실	

(2) 시간 관리방법과 우선순위

시간관리를 잘 하고 싶은 사람이 가장 먼저 해야 할 일은 삶의 우선순위를 정하는 것이다. 즉, 시간관리의 기본은 자신의 삶 속에서 무엇을 우선순위에 놓을지를 먼저 결정하는 일이다. 다시 말하면, 시간관리를 잘 하기 위해서는 긴급한 일과 중요한 일을 잘 구분하여 우선순위를 정하는 것이 필요하다.[6]

긴급한 일은 즉각적인 행동이 필요해서 지금 당장 처리해야 하는 일을 말한다. 보통 눈앞에 보이는 일들이어서 당장 처리하도록 우리를 압박하는 일들이 많지만, 대부분 중요하지 않은 일인 경우가 많다. 이에 비해 중요한 일은 자신의 사명, 가치관, 그리고 자신이 정한 우선순위가 높은 일과 관련된 일들이고, 개인의 자발성과 주도성을 요구하는 일들이 많이 포함된다. [그림 12-1]은 '긴급성'과 '중요성'의 기준에 따라 구분하여 정리한 '시간관리 매트릭스'이다.

먼저, 'Ⅰ상한'에 속하는 일들은 긴급하고 중요한 일이다. 이 영역에 속하는 일은 반드시 해야 할 뿐만 아니라 지금 당장 하지 않으면 안 되는 일이다. 운영 중인 쇼핑몰에 대한 해킹, 눈앞에 벌어진 동료의 사고, 시급한 대금 결제, 내일 치러야 할 투자 유치 설명회 등과 같은 일들이 여기에 속한다. 이런 일들은 많은 시간을 빼앗고 피로를 증가시키며 스트레스의 원인이 된다.

다음, 'Ⅱ상한'에 속하는 일들은 긴급하지 않지만 중요한 일이다. 이 영역에 속하는 일은 당장 급하게 처리해야 하는 일들은 아니지만, 시간이 흐른 다음에는 매우 중요한 일이 되는 것들이 많다. 중장기 사업계획 구상, 창업과 관련된 인간관계 구축, 가족과의 대화, 자기계발, 건강관리, 새로운 사업아이템 발굴 등이 여기에 속한다. 이런 일들은 반드시 해야 하는 일이긴 하지만, 지금 당장 해야 할 긴급한 일이 아니어서 행하지 않거나 뒤로 미루는 경우가 많다.

다음, 'Ⅲ상한'에 속하는 일들은 긴급하지만, 상대적으로 덜 중요한 일이다. 하지만 대개 사람들은 이 영역에 속하는 일이 중요하다고 착각하고, 이런 일들에 시간을 뺏기기 쉽다. 일부 전화 호출, 일부 메일이나 보고서, 일부 잦은 회의, 친구나 동료의 사소한 부탁, 술자리 등이 여기에 속하는 일들이다.

마지막으로 'Ⅳ상한'에 속하는 일들은 긴급하지도 않고 중요하지도 않은 일이다.

새벽까지 이어지는 컴퓨터 게임, 과도한 인터넷 검색과 TV 시청, 지나친 술자리와 도박 등이 여기에 속하는 전형적인 일이다. 누적된 스트레스를 풀어준다는 차원에서 이런 일에 시간을 쓰지만, 이런 일에 계속해서 많은 시간을 뺏기다 보면 점점 망가지는 자신을 발견할 것이다.

창업과 관련된 시간관리를 잘 하고 성공적인 삶을 살려는 사람들은 'Ⅲ상한'과 'Ⅳ상한'에 속하는 일에 투자하는 시간을 삼간다. 대신에 'Ⅱ상한'에 속하는 일을 하는 데 더 많은 시간을 투자하고, 'Ⅰ상한'에 속하는 일들에 투자하는 시간을 점점 줄여간다. 결국, 시간관리를 잘 하는 비결은 'Ⅱ상한'에 속하는 일들을 수행하는 데 투자하는 시간을 늘리는 것이다.

	긴 급 함	긴급하지 않음
중요함	· 위기, 쇼핑몰에 대한 해킹 · 급박한 대금 결제 · 기간이 정해진 업무(프로젝트) · 내일 치러야 할 시험 등 Ⅰ	Ⅱ · 중·장기 사업목표나 계획 · 사업 관련 인간관계 구축 · 자기계발, 건강관리 · 새로운 사업 아이템 발굴
중요하지 않음	Ⅲ · 일부 전화, 잠깐의 급한 질문 · 일부 보고서나 우편물(메일) · 눈앞에 보이는 급한 상황 · 일부 회의 · 인기 있는 활동 등	Ⅳ · 바쁘거나 하찮은 일 · 일부 전화 · 일부 우편물 · 시간을 낭비하는 일 · 게임, TV 시청 등

* 출처: 스티븐 코비(김경섭 · 김원석 역, 1994). 성공하는 사람들의 7가지 습관. 김영사. 211에서 발췌, 재정리함

[그림 12-1] 시간관리 매트릭스

(3) 'ABC 우선순위' 시스템[7]

일상생활에서 우선순위를 정할 때는 'ABC 우선순위' 시스템을 적용하면 많은 도움이 된다. 이것은 자신이 원하는 것을 이루기 위해 매일 해야 할 일들의 목록을 정하고, 이것들을 대상으로 항목 간에 서로 비교하여 각각 A, B, C로 구분하는 것

이다.

가장 중요하거나 가치가 있는 것이라서 꼭 해야 할 일이나 항목은 A, 대체로 중요한 일이나 항목은 B, 그리고 하면 좋고 안 해도 크게 문제가 되지 않는 일이나 항목은 C로 구분한다. 그런 다음 각 항목에 속한 일들을 시간과 긴급성 등을 고려하여 A 항목을 A1, A2, A3, Aa, Ba, Ca, B1, B2, B3 등으로 세분화한다. 그리고 혹시 우선순위를 정할 때 미처 생각하지 못한 일들이 새롭게 발생하면, A11, A12, Aa1, Aa2, B11, B12 등과 같이 구분한다.

우선순위를 정할 때 A, B, C에 대한 가치 판단의 근거는 전적으로 개인에게 달려있다. 이때 주의할 점은 가치 판단의 근거가 항상 같아야 하되, 수시로 변화하는 환경 등을 잘 고려하여 목록에 있는 일들을 구분하는 것이다. 또한, 우선순위를 정할 때 긴급한 일을 중요한 일과 잘 구분하고 분류하는 것이 중요하다. 긴급한 일이 중요한 일인 경우와 중요한 일이 긴급한 경우는 거의 없다. 긴급한 업무는 즉시 처리해야 할 일뿐이다.

'ABC 우선순위'는 시간에 따라 변경될 수도 있다. 예컨대, 오늘의 A가 내일의 B가 될 수 있고, 어제의 B가 오늘의 A가 될 수 있으며, 오늘의 C가 내일의 A가 될 수도 있다. 지금 주어진 시간을 최선을 다해 사용한다는 차원에서, ABC 우선순위를 계속해서 수정하고 변경할 수 있다(실습 12-7).

실습 12-7 창업을 준비하는 일상생활 속에서 우선순위 정하기

- **목적**: 일상생활에서 발생하는 일들의 우선순위를 정해 본다.
- **진행방법**: 일상생활과 창업 관련 활동 등에 관한 일들을 우선순위에 따라 정해 본다.

활동 내역	대분류 (ABC)	중분류 (123)	소분류 (123)
경영학원론 시험 공부하기(150~160쪽)			
창업학과(교과목) 교수님과 창업아이템 상담하기			
〈창업과 기업가정신〉(교양과목) 과제하기			
창업적성검사하기			
친구 생일 선물 사기			
할머님께 안부 전화 드리기			
어머니 쇼핑 도와드리기(아버지 생신 준비)			
컴퓨터 게임하기			
창업동아리 행사 준비하기			
인터넷 강의 수강하기(중국어 회화)			
전공 관련 창업 정보 검색하기			
친구와 쇼핑몰 운영 구상하기			
아침 운동하기(조깅, 30분)			
창업공모전 관련 정보 검색하기(5개월 후에 개최)			
창업한 학과 선배에게 전화하기			
창업컨설팅 관계자 방문하기			
고교 친구와 함께 베트남/인도네시아 창업 여행 구상하기			
창업지원센터 지원 프로그램 알아보기			
중소벤처기업부 주관 창업 박람회 일정 문의하기			

실습으로 새롭게 알게 된 사실	

4. 창업 성공을 위한 인맥관리

21세기가 '인재전쟁의 시대'라는 것에 동의하지 않는 사람은 없을 것이다. 그것은 개인이든 기업이든 핵심역량을 갖춘 인재가 경쟁력을 좌우한다는 점에 동의하기 때문일 것이다. 그래서 사람들은 흔히 인맥을 힘이라고 생각하고, 그 인맥 속에 한 사람이 되면 대단한 힘을 가지게 될 것이라고 본다. 하지만 그렇다고 해서 인맥의 힘을 바로 사용할 수 있는 권한을 얻기는 어렵다. 인맥의 힘을 제대로 보는 사람은 인맥 속에 흐르는 무형의 정보 흐름을 볼 줄 아는 능력이 있다. 그 정보가 움직이면 인맥 또한 다양한 모습으로 변화하고 그것이 가치를 창출하기 때문이다.

그런데 이제는 정보 홍수 시대가 되었고, 모두 아는 것이 이미 힘들게 되었다. 과거에는 '노하우(know-how)'가 중요했지만, 지금은 가치를 창출할 수 있는 핵심정보를 누가 가지고 있느냐, 즉 '노웨어(know-where)'가 중요한 시대가 되었다. 그래서 인맥 사이에 흐르는 정보를 잘 보고 그것을 어떻게 활용하여 가치를 창출하느냐가 창업 성공과 직결되기도 한다. 그런 차원에서 창업자의 인맥관리는 중요한 주제가 아닐 수 없다.

다양한 인맥을 형성하고 있으면 정보수집이 쉽고, 결정적인 순간에 큰 힘이 되며, 힘들 때 버팀목이 되어주는 긍정적인 측면이 있다.[8] 하지만 인맥 구축이 하루아침에 이루어지는 것은 아니고, 체계적인 시스템을 바탕으로 끊임없는 노력이 필요한 일이다.

1) 인맥 지도를 통한 자기점검

체계적인 인맥관리의 출발점은 자신의 현재 인맥 상태를 점검하고 '인맥 지도'를 그리는 데 있다. 인맥 지도(network map)를 그려보면 자신의 인맥을 객관적으로 볼 수 있고, 미처 살피지 못한 부분이 무엇인지 파악할 수 있다. 즉, 인맥 지도를 그려보면 자신의 인맥이 어느 쪽에 편중되어 있고, 또 어느 쪽이 부족한지를 알 수 있다. 나아가 앞으로 도움을 받을 수 있는 인맥은 무엇인지, 만약 그것이 없다면 어떻게 만들어야 할지에 대한 전략도 세울 수 있는 장점이 있다.

인맥 지도는 크게 '관계 인맥 지도'와 '분야 인맥 지도'로 나눌 수 있다. 전자는 관계를 상대방과 어떤 관계에 있는지를 중심으로 인맥을 분류한 것으로, 가족, 동창, 친척, 동아리, 교수 등이 이에 속한다. 후자는 상대방이 어느 분야에 종사하는 사람인지를 중심으로 인맥을 분류한 것으로, 취미 생활, 금융(창업금융), 창업 마케팅, 문화, 전공 관련 업계 인물, 창업 관심 분야 지인, 역할 모델(성공한 창업자 등) 등이 이에 속한다. 인맥 지도는 다음과 같은 순서로 만들 수 있다.

(1) 자신을 중심으로 가지를 그린다

자신의 상황에 맞추어 인맥 기준(관계/분야)을 어떤 것으로 할 것인지를 먼저 정한다. 대개 5~10개 정도의 가지로 나누는 것이 좋은데, 너무 많거나 적으면 한눈에 보기 어렵기 때문이다.

(2) 가지고 있는 인맥(인적 자원)을 분석한다

분류기준이 정해지면, 자신이 가지고 있는 자료(명함, 수첩, 주소록 등)를 펼쳐 놓고 그 사람을 어떤 분류 속에 넣어야 할지를 꼼꼼하게 살피는 것이 좋다. 이때 상대방과의 친밀도, 그 사람의 영향력 정도에 따라 원의 크기나 색깔을 구분하여 표시하는 것도 좋은 방법이다.

(3) 가지 내에 분류된 사람들의 이름을 적는다

분류가 끝나면 각 가지 속의 원에 해당하는 사람의 이름을 적는다. 이때 자신이 정한 기준, 즉 친밀도와 영향력의 정도에 따라 순서대로 원 안에 적어놓으면 된다. 예컨대, 원 안에 '홍길동(1/1)'이라고 적은 것은 친밀도와 영향력에 있어 모두 1순위에 있는 사람이라는 것을 말한다(실습 12-8).

실습 12-8 자신의 인맥 지도 그려보기

- **목적**: 자신의 다양한 인맥을 그림을 통해 파악하고, 정리해 본다.
- **진행방법**: 자신의 인맥을 관계와 분야에 따라 구분하고, 그림으로 정리해 본다.

자신의 인맥지도 그리기

실습으로 새롭게 알게 된 사실	

2) 인맥관리 전략

인맥관리에 관한 자기점검이 끝나면 이제 자신의 스타일과 상황에 따라 적극적으로 인맥을 키워나가야 한다. 이미 알고 있는 사람들을 통해 다른 사람을 소개받거나 각종 모임이나 세미나 등에 참여함으로써 인맥을 넓힐 수 있다. 때로는 만나고 싶은 사람을 정하고 그에게 연락하거나 직접 만나는 방법을 활용할 수도 있다. 이때 주의할 점은 다음과 같다.[9)]

(1) 이미 알고 있는 사람을 잘 관리하라

무조건 많은 사람을 만나는 것이 인맥관리에 있어 최선은 아니다. 이미 알고 있는 지인으로부터 인정을 받고 호감을 사는 것이 더 중요하다. 일단 그와 신뢰가 형성되면 그로부터 좋은 다른 사람을 소개받을 수 있고, 그것이 훨씬 수월하게 인맥을 쌓을 수 있기 때문이다.

(2) 다양한 모임에 참여하라

자신이 참여할 수 있는 모임부터 나가는 것이 좋다. 동창 모임, 소모임, 동아리, 세미나, 학회, 취미 모임, 지역, 나이별 모임 등 자신이 참여할 수 있는 모임을 적어보고, 5개 정도의 모임에 꾸준히 참석하는 것이 좋다. 자신이 모임을 적극적으로 만드는 것도 좋은 방법이다. 모임에 처음 나가는 것이 어색하다면 그 모임에 자신을 소개해 준 사람과 함께 나가는 것도 좋다. 일단 모임에 참석하면 적극적으로 행동하고, 상대방의 이름을 잘 외워두는 것이 좋다.

(3) 디지털 인맥을 꾸준히 만들어라

SNS를 활용하여 생각과 이상을 공유하는 사람들과 인맥을 만들어가는 것도 좋은 방법이다. 지연, 학연 등과 관계없이 온라인상에서 어떤 일이나 사건에 대해 생각과 의견을 공유·공감하는 사람들끼리 인맥을 만드는 것이다. 이 방법은 공간적인 제약이 없고, 국내외 다양한 사람과 만날 수 있다는 점에서 최근 들어 인맥 형성에 많이 활용된다. 그리고 오프라인에서 직접 만나 그들과 교류하거나 함께 학습하는 등의 방법으로 신뢰를 쌓아간다면, 많은 도움을 받을 수 있는 인맥으로 활용할 수 있다.

(4) 상대방을 존중하고 그의 관점에서 공감하라

사람은 누구나 상대로부터 존중받길 원한다. 그래서 어떤 사람이 타산적으로 자신에게 접근하면 의심하고 멀리하려는 습성이 있다. 따라서 상대방과 확실한 관계를 구축하고 싶다면 우선 그를 존중해야 한다. 특히, 논리로 상대방을 이기려고 논쟁하기보다 상대방을 감성적으로 대하는 것이 많은 도움을 준다.

(5) 고마운 사람이 아니라 필요한 사람으로 남아라

상대방에게 베풀기만 하고 특별한 필요 관계를 만들지 못하면 큰 도움이 되지 못한다. 사람들은 필요한 존재에게 찾아가 그의 지식과 정보를 공유하길 원한다. 따라서 만나는 시간의 길이보다 만남의 깊이에 더 관심을 두고 관리를 해야 한다. 필요한 사람이 되려면 많은 훈련과 노력이 필요하다. 왜냐하면 상대방에게 도움을 줄 만한 정보, 실력, 재력을 가지고 있어야 하기 때문이다.

(6) 장기적인 관점에서 투자해라

일단 상대방과 인맥이 형성되었다 하더라도 신뢰가 쌓이거나 그 속에서 눈에 보이는 성과나 보상이 나타나기까지는 일정한 시간이 걸린다. 따라서 꾸준하게 상대방과 연락하거나 만나면서 신뢰를 쌓는 데 필요한 시간과 노력을 들여야 인맥의 효과도 커진다.

(7) 인맥관리 플래너를 작성, 활용하라

사람은 살면서 수많은 사람을 만난다. 창업을 준비하는 과정에서도 많은 사람을 만날 수 있다. 앞서 소개한 여섯 단계의 활동을 진행하는 동안 도움받았거나 도움을 줄 만한 많은 사람을 알게 되었을 것이다. 그 사람들을 분류, 정리하여 인맥관리 플래너를 만든다면 당신은 좋은 자산을 가진 것이다. 그리고 적절한 인맥관리 전략하에 의미 있는 관계를 맺고 유지하는 것이 창업 성공의 지름길이다(실습 12-9).

실습 12-9 인맥관리를 위한 전략 수립하기

- **목적**: 창업 관련 인맥을 효과적으로 관리하기 위해 전략을 수립해 본다.
- **진행방법**: 아래 구분에 따라 자신의 인맥관리를 위한 방법과 전략을 정리해 본다.

<table>
<tr><th colspan="3">인맥 구분</th><th>성명(소속)</th></tr>
<tr><td rowspan="7">지인</td><td rowspan="5">기존</td><td>가족/친척</td><td></td></tr>
<tr><td>동창/선 · 후배</td><td></td></tr>
<tr><td>전문가(교수)</td><td></td></tr>
<tr><td>실무자</td><td></td></tr>
<tr><td></td><td></td></tr>
<tr><td rowspan="2">신규</td><td></td><td></td></tr>
<tr><td></td><td></td></tr>
<tr><td rowspan="6">모임</td><td rowspan="3">기존</td><td></td><td></td></tr>
<tr><td></td><td></td></tr>
<tr><td></td><td></td></tr>
<tr><td rowspan="3">신규</td><td></td><td></td></tr>
<tr><td></td><td></td></tr>
<tr><td></td><td></td></tr>
<tr><td rowspan="6">SNS</td><td rowspan="3">기존</td><td></td><td></td></tr>
<tr><td></td><td></td></tr>
<tr><td></td><td></td></tr>
<tr><td rowspan="3">신규</td><td></td><td></td></tr>
<tr><td></td><td></td></tr>
<tr><td></td><td></td></tr>
<tr><td colspan="3">실습으로 새롭게 알게 된 사실</td><td></td></tr>
</table>

※ 구분: 기존 - 이미 알고 있는 사람, 신규 - 새롭게 알아보거나 관계를 맺어갈 사람

미주(참고문헌)

〈1장〉

1) Schumpeter, J. A. (1934). *The Theory of Economic Development.* Harvard University Press.
2) 이덕훈(2012). **창업학의 이해**. 비앤엠북스. 37.
3) 강재열(2012). 조직 내 사회자본 및 지적자본과 조직 유효성의 관계에서 조직 기업가 지향성의 매개역할. 충남대학교 대학원 박사학위 논문. 45.
4) 이춘우 · 한유진 · 김도현 · 서유미 · 이경원 · 이희우 · 이영달(2012). **기업가정신의 이해**. (재)한국청년기업가정신재단. 14.
5) Sharma, P., & Chrisman, J. (1999). Toward a Reconciliation of the Definitional Issues in the Field of Corporate Entrepreneurship. *Entrepreneurship Theory and Practice*, Vol. 23(3), 11-27.
6) Rothaermel, F. T. et al. (2007). University entrepreneurship: a taxonomy of the literature. *Industrial and Corporate Change*, Vol. 16(4), 691-791.
7) Stevenson, A. J., & Wei-Skillern, J. (2006). Social and commercial entrepreneurship: Same, different or both?. *Entrepreneurship Theory and Practice*, Vol. 30(1), 1-22.
8) Covin, A., & Slevin, D. P. (1989). New Venture Strategic Posture, Structure and Performance: An Industry Life Cycle Analysis. *Journal of Business Venturing*, Vol. 5(1), 123-135.
9) Miller, D., & Friesen, P. (1982). Strategic-marketing and Environment: The Third Link. *Strategic Science,* Vol. 29(7), 770-791.
10) Lumpkin, G. T., & Dess, G. G. (2001). Linking Two Dimensions of Entrepreneurial Orientation to Firm Performance: The Moderating Role of Environment and Industry Life Cycle. *Journal of Business Venturing,* Vol. 17, 429-451.

〈2장〉

1) 은종성(2023). **성공하는 쇼핑몰 사업계획서**. 도서출판 책길.
2) Longenecker, J., Moore, C., & Petty, J. W. (2003). *SmallBusiness Management: An Enterpreneurial Empbasis*, 12th ed., South-Western College Pub.
3) Constantinos C. Markides, & Paul A. Geroski. (2004). *Fast Second.* Jossey-Bass.
4) 김상수, 이성욱, 박재성, 김영천, 이지형(2014). **창업을 위한 사업계획서 작성 가이드**. 영화조세통람.

〈3장〉

1) 권도균(2015). **권도균의 스타트업 경영수업**. 로고폴리스.

〈4장〉

1) Deal E., & Kennedy, A. A. (1982). *Corporate Cultures*. Addison-Wesley.

〈8장〉

1) 은종성(2023). **비즈니스모델 사용설명서**. 도서출판 책길. 160-170.

〈9장〉

1) 은종성(2018). **마케팅의 정석**. 도서출판 책길.
2) 빌 올렛(2014). **MIT 스타트업 바이블**. 비즈니스북스.
3) 빌 올렛(2014). 위의 책.
4) 오세조, 김상덕(2014). **유통실무 기본상식**. 중앙경제 평론사.
5) 오세조, 김상덕(2014). 위의 책.

〈12장〉

1) 조성진(2015). **진로설계와 코칭리더십**. 정민사. 230-269.
2) 마틴 셀리그만(김인자 역, 2009). 마틴 셀리그만의 긍정심리학 · 도서출판 물푸레, 32; 조성진(2015). 위의 책. 262-264.
3) 조성진(2017). **인성함양과 자기계발: 이해와 실천**. 양성원. 216-218.
4) 로타르 자이베르트(이은주 역, 2005). **자이베르트 시간 관리**. 한스미디어. 22; 조성진(2017). 위의 책. 244-246.
5) 로타르 자이베르트(이은주 역, 2005). 위의 책. 17.
6) 스티븐 코비(김경섭 · 김원석 역, 1994). **성공하는 사람들의 7가지 습관.** 김영사. 197-247.
7) 조성진(2017). 위의 책. 253-255.
8) 장수용(2010). **성공비즈니스를 위한 인간관계와 인맥관리**. 전략기업컨설팅. 84-86.
9) 장수용(2010). 위의 책. 98-110; 조 스위니(배충효 역, 2011). **기적을 부르는 네트워킹**. 초록물고기. 55-124.

찾아보기

ㄱ

ㄴ

● ㅇ

● ㅈ

● ㅊ

ㅋ

ㅌ

ㅍ

ㅎ

기타

저 / 자 / 소 / 개

▪ 조성진

현, 중부대학교 학생성장교양학부(경영학박사)
한국융합코칭학회 초대회장, 한국인적자원개발학회 부회장,
한국인사관리학회 상임이사
한국수퍼비전코치(KSC), 국제인증코치(ACC)
전, 대전광역시 인사위원회/지방보조금심의위원회 위원, 대정보문화산업진흥원 이사
LG전자, 코칭 · 컨설칭그룹 씨앤씨글로벌 대표 등 역임

▪ 김진영

현, 일신경영컨설팅/105세 경영연구원 대표/한국창업경영컨설팅협회 고문
KISA, TIPA, Keit, 창업진흥원, 한국테이터산업진흥원 외 평가위원
경영학박사/경영지도사/전경련 ESG전문가 자격증/빅데이터 전문가 1급
전, 한국창업경영컨설팅협회 회장/코레일 투자(사업)심의위원/중소기업청 업무평가위원
한밭대학교 겸임교수, 한남대학교 겸임교수, 공주영상대학교 겸임교수

▪ 은종성

현, 주식회사 비즈웹코리아 대표이사
도서출판 책길 대표
이러닝 서비스 인터뷰어(interviewer.co.kr) 대표
경영학박사/창업학석사/공학사/경영지도사
〈저서〉 비즈니스모델 사용설명서, 마케팅의 정석, 취향과 경험을 판매합니다 외

▪ 강재열

현, 충남대학교, 한밭대학교, 대전대학교 강사(경영학박사)
미래가치혁신협동조합 이사
노무법인 HR 秀 이사
전, (사)한국기업정보연구원 책임연구원
충남대학교 경영학부 초빙교수

■ **황윤성**

현, 대전창조경제혁신센터 경영기획 본부장

전, 충남대학교, 한밭대학교, 강남대학교 등 외래강사(경영학박사)

대덕국제협력진흥원 대표이사

(주)넷플러그 대표이사, 케이맥(주) 기획실장

〈수상〉 제2회 리눅스소프트웨어 경진대회 정보통신부장관상(2000) 수상, 대한민국 창업대전 중소기업청장상(2004), 코스닥 시장 발전 공로 한국거래소 표창(2013) 등 창업 및 중소기업 지원 관련 포상 다수

■ **신용선**

현, (사)세종벤처기업협회 사업화혁신센터 센터장

(주)드림스폰서 대표

목원대학교 산학협력단 책임연구원, 한국프로젝트경영학회 이사,

전, (주)대덕국제협력진흥원 대표, 바람자리 독채펜션 사장

삼성전자, 삼성디스플레이 기구개발 연구원

〈수상〉 2021년 소상공인 역량강화 컨설톤 중소벤처기업부 장관상 수상

[제3판]
대학생들이 쉽게 할 수 있는
창업실무

1판 1쇄 발행 — 2017년 2월 15일
2판 1쇄 발행 — 2020년 1월 30일
3판 1쇄 발행 — 2023년 8월 10일

저　　자 - 조성진 김진영 은종성 강재열 황윤성 신용선
발 행 인 - 강철원
발 행 처 - 양성원
주　　소 - 경기도 파주시 검산로 173번길 29-12
전　　화 - 031-946-3861(代)
팩　　스 - 031-946-3864
이 메 일 - tnwpub@naver.com
홈페이지 - tnwpub.co.kr
출판등록 - 2015년 8월 31일 제 2015-000211 호

ISBN 979-11-6126-526-1

정가 19,000원